André Kostolany

MEHR ALS
GELD UND GIER

André Kostolany

MEHR ALS GELD UND GIER

Kostolanys Notizbuch

FBV

Bibliografische Information der Deutschen Nationalbibliothek
Die Deutsche Nationalbibliothek verzeichnet diese Publikation in der Deutschen Nationalbibliografie; detaillierte bibliografische Daten sind im Internet über http://d-nb.de abrufbar.

Für Fragen und Anregungen:
info@finanzbuchverlag.de

2. Auflage 2016

ein Imprint der Münchner Verlagsgruppe GmbH
Nymphenburger Straße 86
D-80636 München
Tel.: 089 651285-0
Fax: 089 652096

Redaktion: Dr. Renate Oettinger
Korrektorat: Leonie Zimmermann
Umschlaggestaltung: Melanie Melzer
Umschlagabbildung: Shutterstock/Urheberrecht: arigato; Shutterstock/Urheberrecht: Inkaı; Shutterstock/Urheberrecht: Pasko Maksim; Shutterstock/Urheberrecht: autsawin uttisin; Ullstein/Urheberrecht: Galuschka
Satz: Daniel Förster, Belgern
Druck: GGP Media GmbH, Pößneck
Printed in Germany

ISBN Print 978-3-89879-995-9
ISBN E-Book (PDF) 978-3-86248-933-6
ISBN E-Book (EPUB, Mobi) 978-3-86248-934-3

Weitere Informationen zum Verlag finden Sie unter

www.finanzbuchverlag.de

INHALT

VORWORT

»So ist es gut, so ist es recht, niemandes Herr, niemandes Knecht!«

Dieses Buch ist eine Sammlung von Aufzeichnungen auf Dutzenden von Papierzetteln, Restaurantrechnungen, Papierservietten, Rückseiten von Fahrkarten usw., Gedanken, Einfälle, die mir plötzlich durch den Kopf schießen. Sie haben oft mit Geld zu tun, mit wirtschaftlichen und politischen Problemen, weil ich die Geschehnisse der Welt laufend analysiere und die Pros und Kontras abwäge.

Oft fragen mich Freunde, wie ich Zeit dazu habe, Bücher und Artikel zu schreiben, Seminare abzuhalten und vor Banken zu referieren, wo ich doch pausenlos unterwegs bin. Das ist jedoch kein Problem, denn was ich zu tun habe, das heißt denken und überlegen, das kann ich überall tun, im Flugzeug oder Zug, im Bad oder Schaukelstuhl und besonders während ich Musik höre. Wichtig ist nur, dass ich meine Einfälle sofort notiere, bevor sie weiterfliegen. So ist dieses Buch zustande gekommen.

Und wer ist der Autor? Ich weiß selber nicht, wie ich mich vorstellen soll und wo mein Platz ist. Eine genaue Antwort zu geben fällt mir sehr schwer.

Geboren bin ich in einem feudalen Land. Dort habe ich auch studiert, Philosophie und Kunstgeschichte an der Universität Budapest. Die erste Praxis in Finanzen hatte ich im Land des Kapitalismus des 19. Jahrhunderts, an der Pariser Börse. Die höheren Studien absolvierte ich an der Wall Street, der Hochburg des modernen Kapitalismus. Mein Status ist auch etwas komplex. Ich bin als Ungar geboren, Bürger der Vereinigten Staaten, Ritter der französischen Ehrenlegion und heute in zehn Städten zu Hause.

Ich spreche verschiedene Sprachen: mit dem lieben Gott Ungarisch, mit meinen Freunden Französisch, mit meinen Schülern und Lesern Deutsch, mit den Bankiers Englisch und mit den Damen die Blumensprache. Mein Vater war Industrieller in Budapest (wäre heute 120 Jahre alt), meine Mutter war sehr musikalisch, ein wahrhaftiger Schöngeist: Sie hätte vielleicht Talent zum Malen und Schreiben gehabt, wenn sie sich nicht ausschließlich ihren Kindern gewidmet hätte. Ich habe Brüder, eine Schwester, Vettern und Cousinen, zerstreut in der ganzen Welt, mit denen ich in mehr oder weniger enger Verbindung bin.

Wo ist mein Platz? Für die Börsenprofis bin ich Journalist, an der Börse somit nur ein Außenseiter, im besten Fall ein Spinner. Vielleicht (!), aber bisher ein ganz guter Spinner. Ich war ja schon mit elf Jahren Devisenhändler in den chaotischen Zeiten nach dem Zerfall der K.-u.-k.-Monarchie, als die Nachfolgerstaaten ihre geerbten Währungen und Banknoten ununterbrochen ab-, um- und nachgestempelt haben. In diesem Wirrwarr hatte ich meine ersten Erfahrungen. Mein Leben ist also seit 60 Jahren mit der Börse eng verbunden. Ich habe

Erdbeben und Sintfluten auf den Finanzmärkten überstanden und könnte mich dank der Börse – wenn ich wollte – in einen bequemen Ruhestand zurückziehen. (Dann wäre aber heute dieses Buch nicht in Ihren Händen.)

Für die Kollegen jedoch bleibe ich Journalist und kein Börsenprofi. Und darauf bin ich auch stolz; denn ich halte Journalismus für den schönsten Beruf.

Das Presse-Establishment dagegen hat mich nie als einen der seinen angenommen, höchstens als »Gastarbeiter«. Zwar habe ich Millionen von Lesern und kämpfe mit Wort und Feder für das freie Wirtschaftssystem, gegen seine Schädlinge und Haifische, einen Preis habe ich jedoch nicht dafür erhalten. Na ja, wenigstens hat mich schon vor 25 Jahren General de Gaulle für meine »publizistische Tätigkeit« zum Ritter der Ehrenlegion ernannt. Damals war ich außenpolitischer Kommentator bei der großen Tageszeitung *Paris Presse*.

Die Bankiers ihrerseits schauen mich mit scheelen Augen an, nehme ich doch kein Blatt vor den Mund, wenn ich überzeugt bin, dass dem allgemeinen Interesse Schaden angetan wird. Nichtsdestoweniger laden sie mich zu Vorträgen ein, zu denen das Publikum in Scharen kommt.

Die Professoren schmunzeln über meine Äußerungen und Thesen, hören mir aber dennoch aufmerksam zu, ganz zu schweigen von den Tausenden Interessenten, die meine Seminare besuchten, oder von den Studenten, für die ich an zahlreichen Hochschulen Vorträge hielt. Ich gebe zu, dass ich an der Uni nie Volkswirtschaft studiert habe, aber umso mehr im Dschungel, wo ich viel mehr Lehrgeld zahlen musste. Ein Glück (!), denn so bin ich stets bei objektiven Analysen vollkommen unvoreingenommen geblieben.

Unternehmer, Geschäftsleute müssen einmal im Jahr Bilanz ziehen. Ich werde nun aus Anlass dieses kleinen Buches die erste Bilanz meines Lebens ziehen und frage mich: »Kosto, was hast du richtig, was hast du falsch gemacht?«

Wäre ich nur Börsenprofi geblieben, säße ich heute im eleganten Büro eines Wall-Street-Wolkenkratzers, von einem Dutzend Telefonen und Computern umgeben, müsste stundenlang zur Verfügung nervöser Kunden stehen und verfolgen, wie die Kurse um ein Viertel rauf- oder runterspringen, und könnte daher in einem solchen Tumult keinen klaren Blick für die brennenden Probleme haben.

Wäre ich gleich nach dem Studium Journalist geworden, ein Beruf also, den ich so schätze und der ja eigentlich mein Wunsch war, hätte ich nicht die Erfahrungen, die für mich heute Tonnen puren Goldes wert sind. Ich würde in einer Redaktion sitzen und über Themen berichten, die mich nur am Rande interessieren oder von denen ich nichts verstehe.

Hätte ich die Universitätskarriere gewählt, wäre ich vielleicht in einer Kleinstadt ans Katheder festgenagelt, anstatt in der Welt herumzusausen und Millionen von Menschen zu begegnen. Meine Welt ist ja New York, London, Paris, München, die Riviera und sogar Budapest. Wäre ich ein sogenannter Wirtschaftsexperte, müsste ich zittern, ob ein Unternehmen dank meines Rates höhere Profite macht.

Nein! Lieber bin ich ein Hippie, eine Art Wanderprediger, vollkommen unabhängig, der alles schreiben und sagen kann, was er für richtig hält, auch wenn er manchmal jemandem auf die Hühneraugen treten muss. »So ist es gut, so ist es recht, niemandes Herr, niemandes Knecht!« Für viele bin ich ein Clown, weil ich den Mut habe, Wahrheiten zu sagen – mit Witz sogar –, was sich die prominenten Experten nicht zutrauen.

Nur eine innere Wunde schmerzt mich: dass ich kein geschulter Musiker, sondern nur ein Musiknarr bin, wenn mir die Leidenschaft zur Musik und Kunst in meinen Überlegungen zu Wirtschaft und sogar Börse auch oft geholfen hat.

Meine Notizen und Bemerkungen sollen den jungen Börsenprofis, Geldwechslern und ähnlichen »Schlawinern« als Vademecum dienen. Sie sollten die Ratschläge eines alten Kollegen, eines der letzten Mohikaner auf dem internationalen Börsenparkett, beherzigen. Und sie sollen alle meine Leser, auch wenn sie nichts mit der Börse zu tun haben, auf angenehme Weise unterhalten und ihnen einige Erkenntnisse vermitteln, die sich im Lauf der Jahre in meinem Notizbuch angesammelt haben.

André Kostolany
München/Paris, im Sommer 1983

DAS BILDNIS DES DORIAN GRAY

»Aber seien wir sehr sparsam damit«

Oft stellen mir Kollegen lächelnd die Frage, was ich mit dem »vielen« Geld tue, wenn sie meine Honorare für verschiedene Aktivitäten erfahren. Komischerweise fragt mich niemand, was ich mit dem Geld einer glücklichen Spekulation mache, wo ich eventuell doch das Zehnfache gewinne (aber nicht verdiene). Durch Arbeit verdientes Geld kommt ihnen nicht ganz geheuer vor.

Dazu fällt mir eine authentische Bemerkung eines alten Bekannten ein. Er war ein wohlhabender Mann, eine Art alter Playboy. Als leidenschaftlicher Fechter lernte er bei einem Sportmeeting einen jungen Mann kennen, dessen Fechtkünste ihm auffielen. Er fragte ihn, ob er nicht zu ihm nach Hause zu einem kleinen Fechttraining kommen wolle.

»Montags zum Beispiel?« – »Nein.«

»Dienstag, Mittwoch oder Donnerstag?«

»Nein, auch nicht.«

»Wieso denn?«, war die erstaunte Frage.

»Ich arbeite, Herr Hauptmann.«

»Arbeiten? Das kann nicht sehr gut sein«, gab mein Freund zur Antwort.

Der Hauptmann war ein gescheiter, aber komischer Kauz. Als er eines Tages einem jungen Fechter aus Sportlichkeit das »Du« angeboten hatte, war die Antwort des jungen Mannes: »Ich danke dir, Herr Hauptmann.«

Worauf der Alte gleich bemerkte: »Aber seien wir sehr sparsam damit.«

Cogito, ergo sum …

»Cogito, ergo sum homo speculator.«

Ich bin Spekulant. Ist das ein Beruf? Nein, es ist ein Schicksal. Ich bin durch Zufall mit einem Fallschirm auf einer großen Börse, der Pariser BOURSE, gelandet. Zufall oder Schicksal?

Mein Börsenpate: Monsieur Alexander K.

Mein Vater begegnete Anfang der 20er-Jahre in Paris einem ehemaligen Schulkollegen aus Budapest, Monsieur Alexander K., der nicht nur Multimillionär, sondern auch ein ganz großer Macher auf dem Pariser Finanzmarkt war. Bei ihren Gesprächen über alte Zeiten erzählte mein Vater von seiner Familie und berichtete, dass sein Jüngster, der kleine André, noch in Budapest an der Universität Philosophie studiere. »Welcher Unsinn«, war die Reaktion von Alexander, »will er vielleicht ein Poet werden? Schick ihn zu mir nach Paris, das wird für ihn eine bessere Schule sein.«

Und damit gab Alexander meinem Vater den zweiten großen Tipp. Der erste war nämlich von einer ganz anderen Natur: Spekulation auf den Sturz des französischen Franc. Eine todsichere Sache nach Ansicht sämtlicher gut informierten Finanzkreise. Heute kann ich mit größter Sicherheit behaupten, dass der zweite Tipp der gute war. Die Folgen sind dieses Notizbuch.

Aber auch der erste Tipp ist einer näheren Erläuterung würdig; denn die Ereignisse um diese gigantische Franc-Spekulation der 20er-Jahre konnten 55 Jahre später für mich, meine Schüler und meine Leser das lebendige Beispiel dafür sein, wie sich die Spekulanten den Ablauf der Dinge vorstellen und wie sie dann tatsächlich eintreffen: Schwarze Wolken zogen damals über ganz Mitteleuropa, dem Deutschen Reich und allen Nachbarstaaten der K.-u.-k.-Monarchie auf, die nach dem verlorenen Weltkrieg zerrüttet in Chaos verfiel. Inflation ohne Produktion, Armut, Arbeitslosigkeit, Schlangen vor den Lebensmittelgeschäften …, die Notenpresse lief Tag und Nacht, die Währungen waren im Keller, die Preise stiegen von Stunde zu Stunde: Eine Hose, die am Morgen noch 50 000 Mark gekostet hatte, war nachmittags schon für 100 000 ausgezeichnet. Ich befand mich auf einer Studienreise in Deutschland, bereiste zahlreiche Städte und lebte mit einem Dollar pro Tag, denn der Dollar war König. Alles drehte sich um die amerikanische Währung und in Budapest gab es nur ein Tagesgespräch: den Kurs des Dollar.

Einige Inflationsspekulanten machten Millionen, Milliarden sogar (in Papiergeld natürlich!), da sie alles kauften, egal ob Häuserreihen oder zehn Wagons Zahnbürsten, solange man sie auf Kredit erwerben konnte. Schulden machen, lautete das Kommando für jeden, der nur ein wenig unternehmungslustig war. Was danach kam, ist einer pragmatischen

Studie der Geschichte würdig. Man könnte über die Gründe und die Verantwortlichkeit stundenlang diskutieren, die Folgen führten zu der größten Katastrophe der Weltgeschichte: Hitler.

Das Tandem Castiglioni–Mannheimer

Aber bleiben wir noch in den 20er-Jahren. Nach dem Untergang der Währungen der Zentralmächte rochen die Spekulanten bereits einen neuen Braten: den Zusammenbruch des französischen Franc. Wie schon gesagt, eine todsichere Sache. Frankreich hatte zwar den Krieg gewonnen, verblutete aber dabei: Millionen Tote, zahlreiche verwüstete Städte, die Staatsfinanzen in totalem Chaos. Ein waghalsiger deutscher Spekulant, der Stuttgarter Dr. Fritz Mannheimer, war damals der größte Bankier in Europa, Chef des Hauses Mendelsohn und Co. in Amsterdam und Partner der alten Berliner Patrizierfirma Mendelsohn und Co.

Er war zu einem großen Fest in Wien von dem König der Inflationsspekulanten, Camillo Castiglioni, dem »österreichischen Stinnes«, wie er genannt wurde, eingeladen. Castiglioni (Sohn des Triester Oberrabbiners und ehemaliger Verkäufer bei der Reifenfirma Semperit) hatte nach Milliardengewinnen bei der österreichischen Inflation nun die fixe Idee, der französische Franc müsse, wie schon vorher die Mark und die Währungen der K.-u.-k.-Monarchie, auch in den Keller stürzen. Es gelang ihm, Fritz Mannheimer von der Richtigkeit seiner Ansicht zu überzeugen und mit ihm und einigen anderen Bankiers und Spekulanten aus Wien und Amsterdam ein Syndikat zu bilden, um den französischen Franc auf allen Finanzplätzen mithilfe der Fachpresse zu diskreditieren und anzugreifen.

Der Kurs des Franc fiel immer tiefer …

Was bedeutet das, eine Währung anzugreifen? Sich Riesenkredite in der betreffenden Währung zu verschaffen und diese Beträge dann auf allen Finanzplätzen, wie London, Zürich, Amsterdam usw., anzubieten – wenn möglich mit viel Tamtam, Zeitungsartikeln, Mundpropaganda usw. …?

Die Währung gleitet zunächst (erst) langsam in die Tiefe, der Rückgang verbreitet Pessimismus unter dem Publikum. Und durch eine Kettenreaktion wird es von Angst ergriffen und wirft – wie in diesem Fall – seine Franc-Guthaben über Bord. Die Schuldner können dann mithilfe der hervorgerufenen Panik die geschuldeten Francs bei tiefem Kurs einkaufen. Genau das gleiche Vorgehen, oder man könnte auch sagen dieselbe Taktik, wie Ende der 70er-, Anfang der 80er-Jahre unter der schwachen Carter-Regierung hinsichtlich des Dollar.

Das Tandem Castiglioni–Mannheimer war äußerst erfolgreich. Der Kurs des Franc fiel immer tiefer, begleitet von den Franc-Verkäufen aller Spekulanten Europas, und Castiglioni wurde immer reicher. Um auch etwas Gutes über den ehemaligen Semperit-Verkäufer zu sagen, möchte ich bemerken, dass er viel für das kulturelle Leben getan hat. Er finanzierte zum Beispiel Max Reinhardt, den größten Theatermann jener Zeit und Gründer der Salzburger Festspiele. (Die damaligen Inflationswunden sind heute gut verheilt, aber die Festspiele florieren immer noch.)

Nun, der Franc rutschte immer tiefer, denn auch die französische Regierung tat das ihrige dazu, dass das Vertrauen in ihre eigene Währung völlig verloren ging. Eine Regierung stürzte nach der anderen, mit ihnen auch der Franc. Ich erinnere mich noch an die Atmosphäre in Frankreich, als sei es gestern gewesen.

Es kam 1926 zum Wahlsieg der Linkskoalition unter Eduard Herriot, dem deutschfreundlichen Politiker, Bürgermeister und Lyon-, Musik- und Beethoven-Forscher. Sein Finanzminister Anatole de Monzie, ein ganz brillanter Intellektueller (den ich später persönlich gut kannte), fing seine Rede im Parlament mit folgenden Worten an: »Meine Herren, die Kassen sind leer ...!«

Große Erschütterung im Parlament und im ganzen Lande. Der Franc stürzte auf einen neuen Tiefpunkt und mit ihm die Regierung. Demonstrationen gegen die Volksvertretung, großer Hass auf Ausländer (wie oft in der französischen Geschichte): »Da kommen die Fremden und essen unser Brot auf«, das ist ein altes Lied. Man bewarf die Touristenbusse mit Steinen und zertrümmerte die Scheiben der Kinos, die ausländische Filme zeigten. Die Panik war da und der Franc lag im Sterben.

Poincaré, der Retter

Und plötzlich geschah etwas, das sich alle Devisenhändler, die ich so gern »Devisenfritzen« nenne und in diesem Buch auch so nennen werde, immer vor Augen halten sollten. Die Nachricht kam aus dem Élysée-Palast: Raymond Poincaré akzeptiere, Ministerpräsident und gleichzeitig Finanzminister zu werden. Die Tendenz auf dem Devisenmarkt schlug von einer Minute auf die andere um, denn Poincaré war zum Symbol des französischen Patriotismus und aller Tugenden geworden. Bestimmt war er kein übermäßig gescheiter Mann, ein trockener Jurist, aber integer, puritanisch und ein glühender Patriot, übrigens stur wie jeder Lothringer. Er war der Präsident der Republik während des Weltkrieges, ein leidenschaftlicher Deutschland-Feind (das gehörte damals zu den französischen Tugenden), und was noch viel wichtiger war, er bekam von dem New Yorker Bankhaus John P. Morgan sofort die Zustimmung für eine Anleihe von 100 Millionen Dollar.

Wie unter einem Zauberstab verwandelte sich im Handumdrehen alles. Diesmal gerieten die Baisse-Spekulanten in Panik, wollten schnell die schuldigen Francs zurückkaufen, denn jeder hatte ja so viel Franc-Schulden, wie er nur konnte. (Einer meiner Freunde war Millionen auf eine Porzellanfabrik schuldig. Warum? Weil gerade diese Fabrik auf Kredit zu haben war.) Der Franc kletterte immer höher und an der Börse konnte man die ausländischen Aktien (Goldminen, Ölwerte usw.) aufgrund der massiven Verkaufsaufträge überhaupt nicht mehr notieren. Es gab nur Verkaufsaufträge, da ja alle Spekulanten – klein oder groß – aus ganz Europa ausländische Wertpapiere gegen Francs auf Kredit gekauft hatten. Und nun wollte jeder sie loswerden. Tausende von Spekulanten waren pleite und sogar einige große französische Unternehmen (Warenhäuser, Exportfirmen …) gerieten in Zahlungsschwierigkeiten, da sie Hunderte Millionen Francs schuldig waren. Der französische Franc stieg innerhalb eines Jahres um 100 Prozent und die französische Zentralbank musste sogar aus Exportüberlegungen den Wechselkurs künstlich »tief« halten. In der französischen Finanzgeschichte blieb diese Episode unter dem Namen die »Marne-Schlacht des französischen Franc« in Erinnerung. Ganz Wien, halb Prag und Budapest sowie Amsterdam waren pleite. Mein Vater musste auch Verluste einstreichen, doch diese wurden, wie ich berichtete, durch den zweiten Tipp reichlich entschädigt. Ich kam nach Paris zu Alexander als Lehrling und zur Börse, wo ich meine entscheidenden Lehrjahre verbrachte.

Wer nicht an Wunder glaubt …

Die Franc-Schlacht von 1926 unter Raymond Poincaré, als Frankreich also vor einem totalen finanziellen Zusammenbruch gerettet werden konnte, ging später in die Geschichte als das »Marne-Wunder des Franc« ein. Es wurde von den Franzosen somit als gleichbedeutend empfunden mit jenem historischen Vorgang am 9. September 1914, als mit der Schlacht an der Marne der Ausgang des Ersten Weltkrieges entschieden wurde. Das Marne-Wunder wiederholte sich inzwischen einige Male, nicht nur im Zweiten Weltkrieg, sondern auch in der Wirtschaftsgeschichte, sodass man inzwischen behaupten kann, die Franzosen hätten sich den Satz des israelischen Ministerpräsidenten David Ben Gurion »Wer nicht an Wunder glaubt, ist kein Realist« voll zu eigen gemacht. So möchte ich dieses im Grunde nachdenklich stimmende Thema nicht ohne Humor beenden und hier eine nette kleine Geschichte einfügen, in der ein Lehrer seinen Schülern den Begriff »Wunder« zu erklären versucht:

»Stellt euch vor, ein Mann stürzt vom dritten Stock in die Tiefe und bleibt unverletzt. Wie würdet ihr das nennen?« – »Glück«, erwidert der kleine Moritz.

»Er stürzt ein zweites Mal vom dritten Stock und es geschieht ihm wieder nichts.« – »Zufall«, lautet die Antwort.

»Gut, gut«, sagt der Lehrer, »aber er stürzt zum dritten Mal und wieder passiert ihm nicht das Geringste, was ist das?« – »Übung, Herr Lehrer«, ist Moritz' kurze, aber logische Antwort.

Ein Cowboy mit dem Lasso …

Wie hätte ich die Geschichte über das »Marne-Wunder des Franc« während der vergangenen Jahre vergessen können, als die Devisenfritzen nur auf eines schworen: dass der Dollar zum Teufel gehe. Denn auch in Amerika kam die Wende mit einem neuen Mann, der nicht Raymond Poincaré, sondern Ronald Reagan heißt. Sicher, ein Schauspieler, ein Cowboy, sagte man. (Aber sind nur Professoren und Staatsbeamte oder Gewerkschaftsführer qualifiziert, von Politik etwas zu verstehen?)

Auf meine Frage, ob ein Filmschauspieler auch ein gescheiter Mann sein könne, war die Antwort eines ausgezeichneten Hollywood-Kenners:

»Natürlich, aber dann bleibt er kein Schauspieler.« Nun, R. R. ist zwar kein Schauspieler geblieben, hat aber als Cowboy den Dollar mit seinem Lasso fest im Griff.

Mein Beruf ist meine Berufung

Also einen bürgerlichen Beruf habe ich nun wirklich nicht: Spekulant. Eher schon eine Berufung. Der Spekulant hat seine wirtschaftliche Berechtigung und steht im Dienste des freien kapitalistischen Systems, auch wenn er zum Sozialprodukt nichts beiträgt.

Er steht irgendwo in der Mitte zwischen Investoren und Börsenspielern und ist quasi eine Mischung aus beiden: der notwendige bewegliche Geldanleger, der seine Anlagen stets den zyklischen Schwankungen von Preisen oder Kursen anpasst.

Ein »touche-à-tout«

Wer ist nun dieser Spekulant? Aus welchem Stoff ist er gewebt und welche Studien können für einen zukünftigen Spekulanten nützlich sein? Er ist ein Denker, ein Miniphilosoph, der stets das Für und Wider abwägt, bevor er die hoffentlich richtigen Schlüsse zieht und danach handelt. Er muss sich wie ein guter Skatspieler verhalten und sein Spiel den ständig wechselnden Karten anpassen. Er muss improvisieren.

Sein Verhalten ähnelt auch dem eines Richters: Der Richter war weder bei der Tat dabei, noch ist er ein Waffenexperte. Er verhört die Zeugen, bekommt die Expertise der Sachverständigen und dann fällt er sein Urteil. Der Spekulant ist kein Fachmann für Elektronik, Airlines, Öl, Eisenbahnen oder Autos. Er bekommt das Gutachten des einen, die Analyse des anderen und fällt dann sein Urteil, ob er kaufen oder verkaufen soll. Er ist ein elektrischer Geist oder, wie die Franzosen sagen, ein »touche-à-tout«. Eigentlich gilt für ihn die alte Regel: Man kann nicht alles gelesen haben, aber man muss wissen, wo es steht.

Der Spekulant sollte eher ein Politologe, Soziologe, Psychologe, Philosoph als ein Betriebswirt oder Wirtschaftsingenieur sein. Ein perfekter Betriebswirt wird wahrscheinlich sein Unternehmen effizient leiten, die Rentabilität der Maschinen, die Aufnahmefähigkeit des Marktes aufs Genaueste berechnen. Aber seine Meinung über die Kursentwicklung seiner Gesellschaft ist nichts wert.

Auf sehr lange Sicht (auf viele Jahre hinaus) ist die wirtschaftliche Analyse des Unternehmens sicherlich wichtig. Jedoch ist das Firmenschicksal Dutzenden von Imponderabilien unterworfen: ausländischer Konkurrenz, technischen Erfindungen, der psychologischen Reaktion des Publikums gegenüber den Aktien der Gesellschaft. Die Bilanzanalyse eines Unternehmens ist für den Börsianer nicht mehr als die Röntgenaufnahme eines Kranken für den behandelnden Arzt. Nicht der Röntgenologe, der Arzt schreibt die Therapie vor.

Ein mathematisches Studium hingegen ist für den zukünftigen Spekulanten nützlich. Nicht etwa, dass die Börse Mathematik wäre, aber Mathematik trainiert logisches Denken. Sogar eine musikalische Erziehung hilft dem Spekulanten in spe weiter, da Musik, wie Leibniz sagt, unterbewusste Mathematik ist.

Gustave le Bons Schüler

Das beste Studium für den Spekulanten aber wäre Massenpsychologie. Denn der wichtigste Faktor der Börsen- und Wirtschaftsentwicklung ist die Psychologie des Publikums. Und diese kann kein Wirtschaftsingenieur, und sei es mit dem besten Computer, errechnen.

Der lateinische Spruch »Omnibus parvum, ex toto nihil« gilt für die Börse nicht. Im Gegenteil. Derjenige, der von allem etwas weiß, versteht von der Börse schon recht viel. Alles, was Hänschen gelernt, gesehen, gehört oder erlebt hat, nützt dem Spekulanten Hans in seinem Beruf, bis auf das Studium der Betriebswirtschaft, das sein spekulatives Denken eher belastet. Auch über das Studium der Volkswirtschaft ließe sich reden. Gefährlich kann es werden, wenn man sich nicht neuen Entwicklungen anpasst. Wirtschaftsprofessoren der 30er-, sogar der 50er-Jahre würden heute im Examen durchfallen, wenn sie ihre alten einstudierten Methoden anwenden wollten.

Erfahrung ist das höchste Diplom

Am wichtigsten scheint mir, das Leben selbst zu studieren. Man sollte viel reisen, die Welt und ihre Bewohner kennenlernen und sich – verzeihen Sie mir – einen gewissen Zynismus aneignen, um die verschiedensten Spezies dieses zoologischen Gartens der Politiker, Wirtschaftsführer, Bankiers, Finanziers oder Makler zu durchschauen. Man muss auch lernen, zwischen den Zeilen zu lesen, wenn es sich um wichtige, einschneidende Erklärungen oder Berichte handelt. Denn jede Erklärung, jede Nachricht kann oft positiv und negativ interpretiert werden, je nachdem, von wem und mit welcher Motivation sie abgegeben wurde und aus welcher Quelle sie stammt. Die Drahtzieher der Finanzwelt sind schlau, aber der Spekulant muss noch schlauer sein und ein wenig so denken, wie man sich manchmal mit der rechten Hand das linke Ohr kratzt.

Und natürlich sollte der Spekulant die wichtigsten Sprachen der Welt beherrschen, Englisch wie seine zweite Muttersprache. Einer meiner alten Freunde, ein routinierter und genialer Börsianer, empfindet es als großes Handicap, dass er außer Deutsch keine anderen Sprachen spricht und die wichtigsten Texte nicht im Original lesen kann. Man spürt bei ihm in der ersten Minute, dass er die internationale Presse nicht kennt, und das stört ihn sicherlich auch. Dafür hat er einen anderen Vorteil: über 70 Jahre Erfahrung. Und das ist natürlich mehr wert als ein Diplom der höchsten aller Hochschulen.

Wer die Welt und die Menschen gut kennt, braucht Ideen oder Tipps nicht ungeduldig mit der Laterne zu suchen. Sie kommen schon von selber, so wie bei dem Talmudschüler, der sich rühmt: »Ich habe eine großartige, richtige Antwort gefunden, jetzt suche ich nur noch die passende Frage dazu.«

»Zwei Seelen wohnen, ach, in meiner Brust«

Beruflich hausen zwei Persönlichkeiten in mir: Dr. Jekyll und Mr. Hyde.[1] Jedenfalls habe ich in meinem Inneren eine gespaltene Natur! Pessimismus und Optimismus kämpfen ununterbrochen um meine Stimmung. Diese zwei widersprüchlichen Naturen erbte ich von meinen Eltern: die Mutter in ständiger Angst lebend, die Pessimistin, mein Vater ein perverser Optimist. Ich sage pervers, denn sein Optimismus war etwas Unwahrscheinliches und Unnatürliches!

Noch als Zwanzigjähriger warnte mich die Mutter ständig: »Pass auf, wenn du über die Straße gehst«, »Gib acht, wenn du in die Straßenbahn steigst« und gab mir ähnlich bedeutsame Ratschläge. Meinem Vater dagegen wäre solches nie eingefallen, selbst an meine Schularbeiten erinnerte er mich nie. Er war eben ein Optimist und lebte ins Blaue hinein. Als während der Belagerung Budapests durch die Russen 1944 meine Eltern tagelang im Luftschutzkeller hausen mussten und als die Bomben rechts und links fielen, die Kanonen donnerten, das Haus zitterte und zusammenzubrechen schien, wiederholte mein Vater ununterbrochen, wie eine Maschine: »Nichts wird passieren, nichts wird passieren, wir werden überleben.« Und er hat auch Recht behalten, denn er überlebte alles, Bomben, Kanonen, Belagerung, und schlief viele Jahre später in Zürich sanft ein, nachdem er noch eine Portion Kaviar und ein Glas Sekt verkostet hatte.

---

1 Hierzu ausführlich in meinem Buch *Kostolanys Wunderland von Geld und Börse*, Seite 76.

Diese zwei Naturen sind auch typisch für die Börse, wo sich jeden Tag Optimisten und Pessimisten gegenüberstehen. Es gibt solche, die in jeder Nachricht, in jedem Ereignis nur das Schlechteste sehen (die unverbesserlichen Baissiers), und die »Hausse-Trottel«, die alles nur günstig interpretieren, sogar wenn die Lage katastrophal ist.

Meine Cousine Elisabeth

Was könnte diesen Kampf besser illustrieren als folgende kleine authentische Geschichte aus meiner Familie:

Meine Eltern lebten in Budapest und meine verheiratete Schwester Lilly kam jeden Tag während der Mittagsstunden zu ihnen, um den »talk of the town«, die Tagestratschereien, zu berichten. Eines Tages war sie in großer Verlegenheit. Nachts war meine Cousine Elisabeth, die Lieblingsnichte meiner Mutter, plötzlich verstorben. Meine Schwester wollte der Mutter diese Nachricht langsam (kaffeelöffelweise) beibringen:

»Leider, Mama, ist die Elisabeth schwer erkrankt«, fing sie an.

»Jesses Maria«, war der Ausruf meiner Mutter, »was ist denn los?« »Was kann denn schon los sein«, donnerte mein Vater, »sie ist krank und sie wird wieder gesund werden.«

»Aber sie ist sehr krank«, beharrte Lilly. »Und wenn schon«, rief mein Vater aus, »auch Schwerkranke genesen in ein paar Wochen.«

»Sie ist vom Arzt aufgegeben«, sagte Lilly mit Trauerflor in der Stimme.

»Mein Gott, mein Gott«, jammerte meine Mutter »Das will nichts bedeuten«, beruhigte sie mein Vater. »Soeben begegnete ich meinem Freund Möller, er war von den Ärzten als hoffnungsloser Fall aufgegeben worden und jetzt ging er gerade fröhlich zum Mittagessen.«

Als meine Schwester nun sah, dass mit dem sturen Alten kein Weiterkommen war, dass er gegen jede schlechte Nachricht auf das Heftigste Widerstand leistete, rückte sie endlich mit der ganzen Wahrheit heraus: »Also, damit du es genau weißt, die Elisabeth ist heute Nacht gestorben.«

Mein Vater aber brummte nur: »Nun, wenn sie schon tot ist, dann können wir ja sowieso nicht mehr helfen...« Damit war die Debatte beendet und die Sache wurde ganz einfach ad acta gelegt.

Zwischen Angst und Mut

Mein Vater erinnerte mich an den Hausse-Trottel, der nie an eine Baisse glauben kann und will. Die Mutter stellte den Typ des Baissiers dar, den jede kleinste Nachricht aus der Fassung bringt.

Und so schwebe ich in meinen Gefühlen und Reaktionen zwischen Angst und Mut: eine außerordentlich günstige Eigenschaft für den Börsenspekulanten, der auch mal Pessimist, mal Optimist sein muss und dessen Schicksal ja auch zwischen Pleite und Reichtum schwebt. Man muss in die Börse mit Mut einsteigen, doch wenn die Lage umkippt, ganz schnell aus dem Boot springen, bevor es sinkt!

Eine neue Dorian-Gray-Operation

Oskar Wildes so sehr symbolischer Roman *Das Bildnis des Dorian Gray*, der fraglos zu den Kostbarkeiten der Weltliteratur zählt, hat mich ein Leben lang begleitet und gefesselt.

Und wie sollte auch der Verfasser des vorangegangenen Beitrags, in dem er bekennt, dass zwei Seelen in seiner Brust wohnen, Dr. Jekyll und Mr. Hyde, nicht fasziniert sein von einem unsterblichen Meisterwerk, in dem ja auf eine unübertrefflich präzise Weise das Problem der Persönlichkeitsspaltung dargestellt wird?

Da gibt es eine Parallele zwischen meinem eigenen und dem Leben des Romanhelden, die mir nicht aus dem Sinn geht. Dorian Grays sehnlichster Wunsch war es, er würde sich nie verändern, er würde nie altern. Das von dem Maler Hallward angefertigte Porträt von ihm aber zeigte nach und nach alle Züge des Alters, ja sogar der Hässlichkeit. Das vollzog sich auf so gespenstische Weise, dass er das Bild verbarg, fürchtete und hasste. Aber als Spiegelbild seiner Seele ließ es sich nicht mehr aus der Welt schaffen, es stand unaufhörlich vor ihm als stumme, erdrückende Mahnung. Schließlich peinigte ihn der Anblick so, dass er in einem Anfall von Wahnsinn den Maler Hallward tötete…

Ähnliches geschieht mit mir.

Der große Dichter und Denker Paul Valéry, den ich noch persönlich gekannt habe, sagte einmal: »Wer seine Vergangenheit mit Freude trägt, kann sicher sein Leben verlängern!« Da dachte ich bei mir, ich habe ja noch gute Chancen.

Nun schreibe ich seit 20 Jahren regelmäßig Kolumnen für die Zeitschrift *Capital*. Und für jedes neue Heft dieser Zeitschrift muss der Starfotograf, Helmut Klaus, neue Bilder von mir anfertigen.

Mein Wunsch, nicht älter zu werden und vor allem nicht älter zu erscheinen, ist durchaus nicht geringer als der von Dorian Gray. Und in meinem Herzen fühle ich mich auch ewig jung.

Aber da gibt es die Porträtfotos meines Freundes Helmut Klaus und die zeigen das Gesicht eines immer älter werdenden Mannes. Und so machte die Zeitschrift *Capital* mit mir eine neue Dorian-Gray-Operation …

Helmut Klaus, also Achtung!

EINE LEKTION IN OPTIMISMUS

Schwarzmalerei: ein perverser Beruf

Mit Bedacht habe ich im ersten Kapitel in der Geschichte »Meine Cousine Elisabeth« den beeindruckenden Optimismus und die unerschütterliche Lebensfreude meines Vaters geschildert.

Es ist daher für viele nun nicht mehr so erstaunlich, dass ich, der Sohn eines solchen Vaters, empört bin über die geradezu professionelle Rundumschwarzmalerei, die seit einiger Zeit in vielen westlichen Ländern, und ganz besonders in der Bundesrepublik, betrieben wird.

Schwarzmalerei ist nämlich zum Beruf geworden, zu einem perversen Beruf. Es gibt viele in diesem Gewerbe, die lächerliche Argumente und Vergleiche bringen. Bei manchen mag Angst den Verstand blockieren, bei vielen aber steckt politische und geschäftliche Raffinesse dahinter. Ich kann mir leicht vorstellen, wie Geschäftemacher, Politiker und selbst große Unternehmer von dem künstlich verkündeten Pessimismus profitieren wollen.

Vollkommene Stabilität ist nicht erreichbar

Die Behauptung vieler, die heutige Krise sei mit der der 30er-Jahre vergleichbar, ist purer Unsinn. Nehmen wir Amerika. Das Land von heute ist mit jenem von damals doch nicht vergleichbar. Der Lebensstandard der Arbeitnehmer ist unvergleichlich höher und durch das Sozialnetz einigermaßen abgesichert. Unternehmenskrisen werden recht geschickt gemeistert, ebenso Schwierigkeiten bei einzelnen Banken.

Das Finanzdebakel des Jahres 1929 war die Folge der »Laisser-faire-, Laisser-aller-Mentalität«. Die einzige Polizei in diesem Dschungel war der Mechanismus des Goldstandard-Systems, dem strikt die Treue gehalten wurde.

Die Menschen haben sich seinem Automatismus unterworfen. Dieser hat die Weltwirtschaftskrise vollkommen entartet. Frankreich exportierte in diesem System eine Deflation, um einen großen Teil des Goldbestandes der Welt an sich zu reißen.

Der Goldstandard ist tot. Die Managerdirigenten leiten das Wirtschaftsorchester mal gut, mal schlecht. Die gegenwärtigen Dirigenten der US-Wirtschaft waren bis heute gar nicht so erfolglos, wie die Schwarzmaler es behaupten und propagieren. Ihr Programm ist auf zwei Ziele gerichtet: Stopp der Inflation, besonders der Inflationspsychose, und die Bekämpfung der Arbeitslosigkeit.

Die erste Aufgabe ist fast gelöst. Nur wenn die Inflationsmentalität total ausgemerzt ist, kann das zweite Ziel in Angriff genommen werden. Der Kampf für Stabilität ist umso schwieriger, als manche mächtige Institutionen und Geschäftemacher an der Inflation großes Interesse haben und sie weiter schüren wollen.

Vollkommene Stabilität ist unmöglich zu erreichen. Sie ist auch nicht absolut notwendig. Eine kleine, unter Kontrolle gehaltene Inflation kann für die Wirtschaft stimulierend wirken, wie in kleinen Mengen Nikotin oder Alkohol für den Menschen.

Die Krise von heute ist nur durch eine Rosskur zu bewältigen

Die Arbeitslosigkeit von heute ist arg, sehr arg, aber nicht katastrophal, sie wurde ja durch die gewollt hohen Zinsen künstlich hervorgerufen. Und die US-Regierung weiß auch, wie Jean Cocteau es sagte, »wie weit sie nicht gehen kann«.

Die Krise von 1929/1933 war die Folge einer erstickenden Deflationspanik, hervorgerufen, wie gesagt, durch die strikte Applikation des Goldstandards. Diese konnte man nur mit sozialen Reformen, aber hauptsächlich mit Inflationsspritzen heilen.

Die Krise der letzten Jahre dagegen war nur mit einer Rosskur zu bekämpfen, mit bitterer Medizin gegen die Inflationspanik der 70er-Jahre. Fazit: Diagnose und Therapie von damals und heute sind einfach nicht vergleichbar. Deswegen wiederhole ich, dass es lächerlich ist, Parallelen zwischen heute und der Zeit vor 50 Jahren zu ziehen.

Die Zinsen sind seit ihrem Höhepunkt zurückgegangen, aber immer noch zu hoch für eine Ankurbelung der Wirtschaft. Die Debetzinsen sind zu teuer für die Unternehmer und die kurzfristigen Zinsen sind zu verlockend für die Anleger.

Deshalb stagnieren die Investitionen noch. Es herrscht heute in den Vereinigten Staaten die Sparwut. Hunderte von Milliarden liegen in Fest-Baranlagen.

»Wir ham ka Geld«

Dazu fällt mir eine nette kleine Geschichte aus meiner Jugendzeit in Budapest ein:

Der Vater meines Klassenkameraden S. Fischer war damals einer der reichsten Börsianer in Budapest.

Ruhig saß er in seinem Büro – in seine Gedanken versunken –, als großer Lärm aus dem Nebenzimmer drang.

»Nein, nein«, brüllte der Buchhalter, »wir ham ka Geld, raus mit Ihnen!«

Unruhig ging daraufhin der alte Fischer zu seinem Buchhalter: »Was ist denn los? Mit wem schreien Sie da? Warum sagen Sie denn das: ›Wir ham ka Geld!‹?«

»Natürlich«, antwortete der Buchhalter, »ich musste ihn doch loswerden, den alten Schnorrer!« – »Laufen Sie ihm schnell nach und holen Sie ihn, bringen Sie ihn mir zurück«, rief Fischer erregt.

Noch im Treppenhaus erreichte der Buchhalter den Schnorrer und führte ihn zu seinem Chef ins Büro. Und der nahm den alten »Kunden« seines Hauses liebevoll in den Arm, führte ihn durch seine Zimmer und öffnete die Tresore, die alle voll mit Banknoten waren, viele Bündel Bargeld lagen in jedem der Tresore!

Und dann sagte Fischer: »Mein Buchhalter sagte zu Ihnen: ›Wir ham ka Geld!‹ Das stimmt aber nicht. Sie sehen, wir haben sogar sehr viel Geld! Ich geb' aber nix!«

Genau das ist die Einstellung, genau das ist die heutige Antwort von Millionen von Sparern und großen Kapitalisten, die Milliarden in den Banken lagern, sie aber nicht dem Staat, den Gemeinden und den Unternehmen zur Verfügung stellen. Das kann sich natürlich schnell ändern, falls sich die Notenbanken entschließen sollten, die Zinsen weiter zu senken. Hier könnte sich dann recht schnell sogar ein Run auf langfristige Geldanlagen entwickeln.

Kurz und gut: Sollten sich in den kommenden Jahren in der weltpolitischen Konstellation keine schwerwiegenden Veränderungen zum Schlechten hin ergeben, wird es für mich ein Vergnügen sein, zuzuhören, wie die Schwarzmaler von heute ihr reuiges »mea culpa« sagen werden.

»The show must go on!«

Was soll's mit den Banken, über die ja auch ununterbrochen Panikgerüchte verbreitet werden? Meine Antwort: nicht nur lächerlich, sondern auch ein totaler Unsinn.

Die Notenbanken garantieren das Bankensystem

Die Zusammenarbeit zwischen Bank und Staat ist heute in der ganzen Welt eine selbstverständliche Angelegenheit. (Die Verstaatlichung aller französischen Banken war völlig überflüssig und hatte einen rein demagogischen Hintergrund.)

Man spricht viel vom sozialen Netz. Eine Misere wie 1929 kann heute nicht mehr vorkommen. Kleine und große Unternehmen können zwar Pleite machen, werden aber nicht geschlossen. Das Kapital des Besitzers geht verloren, doch das Unternehmen wird von neuen, vielleicht vom Staat eingesetzten Managern weitergeleitet. Genauso arbeitet heute das »Kreditnetz«.

Finanzgesellschaften, Spielsyndikate und Spekulationsbanken können Pleite machen, ihr Eigenkapital verlieren. Aber es ist ausgeschlossen, dass ihre Zahlungsunfähigkeit eine Kettenreaktion verursacht, wie die Hunt-Affäre und andere Affären belegen. Dafür sorgt die Notenbank eines jeden Landes. Schon 1933 handelte Präsident Roosevelt in diesem Sinne, als alle Banken von 48 Bundesstaaten ihre Schalter schließen mussten. 30 Tage später hat man sie wieder geöffnet, und das frisch gedruckte Geld wurde eiligst in Lastwagen an alle Bankfilialen des Landes geliefert. Hinter den Schaltern lagen die Dollar-Noten in Bergen. Da jeder sie sehen konnte, verlangte auch niemand sein Geld zurück. Das Vertrauen – auch wenn es manipuliert ist – ist die Grundlage nicht nur des Währungs-, sondern auch des Bankensystems.

Ist der Staat fähig und willens, zu zahlen, kann das Geld auch ruhig bei der Bank bleiben. Ein Zusammenbruch des Kreditsystems, von dem heute so viele reden – es sogar wünschen –, ist unmöglich und kommt nie mehr. Jeder Gläubiger ist der Schuldner eines anderen Gläubigers, der wieder einem anderen schuldig ist. Der letzte Gläubiger ist die Notenbank. Sie ist niemandem schuldig, denn sie besitzt ja die Notenpresse selbst. So entsteht in Krisenzeiten ein stillschweigendes Moratorium. Niemand zahlt und alles bleibt beim Alten. Die Notenbank ist wie die Wacht am Rhein.

Wenn die Banken von strengen Revisoren überwachte Bilanzen machen müssten, wären sie wahrscheinlich alle unter Wasser. Aber wer verpflichtet sie dazu, wenn es auch so geht?

Ins Feuer mit den Büchern!

Dazu fällt mir folgende nette kleine Episode aus meinem Notizbuch ein: Der junge Grün kommt nach vierjährigem Studium in Betriebs- und Volkswirtschaft endlich ins väterliche Haus zurück. Er soll in das Familienunternehmen eintreten und sein Vater führt ihn in das Geschäftsleben ein.

»Schau herum«, sagt der Vater zu dem Sohn. »Alles, was du hier siehst, Warenlager, Produkte aller Sorten, alles ist Profit; denn angefangen habe ich mit 1000 Gulden! Und so sollst du das Geschäft weiterführen.«

»Danke, Vater«, antwortete der Junge, »aber ich müsste zuvor die Geschäftsbücher durchstudieren.«

»Bitte, nimm sie mit und studiere sie gut!«

Eine Woche später kommt der Junge mit finsterer Miene zurück.

»Vater, ich weiß nun alles und muss dir erklären: Die Firma ist pleite.«

»Wieso denn?«

»Ganz einfach, es stellt sich heraus aus den Büchern.«

»Sooo«, erwiderte der Vater ruhig. »Gib mir die Bücher her.«

Er nimmt sie, wirft sie ins Kaminfeuer und sagt erleichtert: »Siehst du, jetzt sind wir nicht mehr pleite!«

Mein Credo: Es wird aufwärtsgehen!

Was will ich mit dieser kleinen Geschichte sagen? Sie werden alle auf die Nase fallen, die professionellen Schwarzmaler, denn die Welt geht wie geölt weiter – Bilanz hin, Bilanz her! Das nenne ich Kreditnetz!

Für seine Wirksamkeit hatten wir in den letzten Jahren einen schönen Beweis. Eine winzige Wall-Street-Firma hatte nach vier Monaten Existenz mit Milliarden-Dollar-Staatsanleihen wild spekuliert. Der Ballon platzte bei einer Fälligkeit von 250 Millionen Dollar. Über 30 erstklassige Firmen standen am Rande des Ruins, wäre die Federal Reserve nicht eingesprungen. Sie forderte die Chase Manhattan Bank auf, welche für die geplatzte Firma als Verrechnungsorgan fungierte, die fehlenden Millionen zu bezahlen, unabhängig davon, ob sie verantwortlich sei oder nicht. Man musste den Zusammenbruch des Establishments vermeiden. Binnen 24 Stunden ließ die Chase Manhattan die Millionen springen – aufgrund der Garantien der Notenbank, dass sie allen Banken zur Verfügung steht und die Liquidität sichert.

Vor 50 Jahren hätte solch ein Fall – wie auch der Hunt-Krach – die größte Katastrophe verursacht. Dabei war die Chase für das Debakel de jure vielleicht nicht einmal verantwortlich. Aber als Bank hatte sie sehr leichtsinnig gehandelt, die waghalsigen Spekulationen einer neuen kleinen Firma zu finanzieren. Man munkelte sogar, Direktoren der Chase seien bestochen gewesen. Eine Untersuchung wurde angeordnet.

Das Kreditnetz schützt natürlich auch alle Banken des Westens vor den faulen Schulden des Ostblocks.

Selbst wenn nicht ein Pfennig bezahlt wird, niemand wird davon pleitegehen.

Kurz und gut und abschließend zusammengefasst: Das Wort »Bankrott« stammt zwar von dem Wort »Bank«. Aber Bankrotte sind heutzutage für Großbanken völlig ausgeschlossen. Hier und da kann zwar eine kleine Privatbank in Schwierigkeiten kommen. Aber das war ja schon immer so, auch in den normalsten Zeiten und in Zeiten der Hochkonjunktur. Und selbst da muss festgestellt werden: Sollte eine solche Firma in Schwierigkeiten kommen, würde sie sofort von der Konkurrenz übernommen.

Wundersames wie in Venedig

Dabei muss ich an meinen jüngsten Venedigaufenthalt denken, der während einer Saison stattfand, in welcher der Markusplatz fast jeden Abend unter Wasser stand. Am nächsten Morgen war aber davon nichts mehr zu sehen. Es gibt Banken, deren Zahlen zeitweise »unter Wasser« stehen, die sich jedoch nach einiger Zeit nicht nur erholen, sondern sogar höhere Gewinne zahlen können. Kein Mensch spricht dann mehr von »Bankkrisen« und alles ist längst vergessen. Dieses Phänomen habe ich in den vergangenen Jahren einige Male miterlebt.

Kurz und gut, die Verluste der Großbanken sind verstaatlicht, die Gewinne bleiben privatisiert. Wer hat was dagegen? Die Aktionäre, die Einleger? Ich bestimmt nicht! »The Show must go on!«

AM CAFÉHAUSTISCH ERZÄHLT (I)

Singet meine Arie!

Ich staune jeden Sonntagvormittag, mit welcher Selbstsicherheit meine Freunde am Caféstammtisch Prophezeiungen für die Nachmittagsrennen abgeben. Vier Stunden später sind die Rennen gelaufen, keiner hat den Sieger erwischt, und selbst wenn die »todsicheren« Pferde die Letzten waren, hat keiner die geringsten Skrupel; und eine Woche später verkündet jeder wieder seine »unfehlbaren« Tipps.

Genauso geschieht es seit Jahren bei Wirtschafts-, Währungs- und Finanzprognosen, nicht nur seitens der Börsenauguren, sondern auch aus den Mündern von Politikern, Experten und sogar Bundesbankpräsidenten. Deren Voraussagen waren nämlich genauso falsch. Die Börsenspieler werden dafür bestraft, denn sie bleiben es nicht lange, wenn sie zu oft falschliegen. Aber die Politiker, die selbst ernannten Weisen und Fachleute, bleiben weiter auf ihren Posten und das Volk hört sie mit Respekt an.

Ganz falsch waren die Prophezeiungen über Geld, Preise und Börsentendenzen in den Massenmedien und bei den 100 000 bis 200 000 Anlageberatern, die in der Welt herumlaufen. Die angesehene amerikanische Wochenzeitschrift *Business Week* sagte vor genau vier Jahren sogar den Tod der Aktie voraus, denn nicht nur die privaten Anleger würden die Aktien scheuen, sondern auch die großen Investoren wie die Pensionskassen, Versicherungen und so weiter. Sie würden nach Meinung der Redaktion ihr Kapital lieber in »harten und greifbaren« Werten anlegen, wie Edelmetalle, Diamanten, Immobilien, Warenterminkontrakte (das nannten sie »hart und greifbar«), Briefmarken, Bilder und alle möglichen andere Objekte, die man sich nur vorstellen kann. Eine Verordnung der US-Regierung gab für diese »greifbaren« Anlagemöglichkeiten den Pensionskassen tatsächlich grünes Licht.

Beim Warenterminspiel ist freilich viel Blut geflossen. Dies war auch das Ziel der Regierung und ihrer Hochzinspolitik. Sie wollte die Inflationsspekulation bestrafen. Der Immobilienmarkt ist dadurch ebenfalls in den Keller gerutscht. Nur die Aktienbörsen erholten sich spektakulär – horribile dictu – trotz der prohibitiv hohen Zinsen und zur großen Überraschung der Experten. Viele vergessen dabei allerdings, dass mehr noch als der Zinsfuß die Psychologie der wichtigste Faktor der Börsentendenz ist. Wenn also trotz aller Schwierigkeiten die Kurse sich auf einem relativ hohen Niveau halten können, dann ist dies ein Beweis dafür, wie außerordentlich optimistisch Anleger die Aktie beurteilen.

Fazit: Die Aktie war nur scheintot. An dem Tag, an dem die ja nur vorübergehend so hohen Zinsen wieder zu sinken begannen, konnten wir am Aktienmarkt eine Explosion erleben. Deshalb abermals mein Rat: Vorsicht vor den falschen Propheten!

In Giuseppe Verdis Oper »Maskenball« singt der Page Oskar eine entzückende Sopranarie: »Oskar weiß es, sagt es aber nicht!«

Ich möchte diese Arie für die Tenöre der Anlageberatung umstimmen:

»Die Experten sagen's, wissen's aber nicht.«

Eine ganz pikante Sache

Es gibt drei Methoden, ein schönes Kapital durchzubringen: am sichersten und schnellsten mit Karten, am angenehmsten mit Frauen und am dümmsten mit der Börse. Die Verlierer beim Kartenspiel wissen, dass über ihr Schicksal nur das Glück entscheidet. Darum sind sie auch oft abergläubisch. Viele Börsenspieler dagegen glauben fest an ihre wissenschaftlichen Methoden, an Chartformen, selbst erfundene Indikatoren oder Tabellen mit fixen Preisrelationen (wenn Ware x bei 100 steht, dann muss Ware y bei 120 notieren und so fort).

Sie addieren, dividieren, multiplizieren und das Ende ist fast immer eine ganz große Katastrophe. Wie viele Börsenprofis habe ich gekannt, die, von ihren Zahlen und Kurven besessen, den letzten Pfennig verloren haben.

Die Presse berichtete vor einiger Zeit über den Selbstmord von Kurt Oligmüller. Als er etwa ein Jahr vorher für sein Wundersystem mit großem Tamtam geworben hatte, erlaubte ich mir sanfte Kritik. Darauf bekam ich von ihm einen groben Schimpfbrief: Von der Börse, so schrieb er, verstünde ich überhaupt nichts. Joe Granville (über den ich mich schon oft lustig gemacht hatte) wisse über Börse in seinem kleinen Finger mehr als ich. Und anstatt alter Geschichten solle ich, wie er, in meinen Kolumnen die genauen Hoch- und Tiefkurse der Aktien voraussagen, denn die Börse sei keine Rhetorik, sondern harte Wissenschaft.

Seitdem wurde ich oft nach dem Oligmüller-System gefragt. Ich vermied aber jede Diskussion, denn sie wäre mit Besessenen sowieso sinnlos gewesen. Außerdem empfand ich eher Mitleid für den glücklosen Mann und wollte ihm nicht schaden.

Ich konnte mir nicht vorstellen, dass so viele auf ihn hereinfallen würden. Aber viele Leute glauben nun einmal nur das, was ihnen mit scheinbar wissenschaftlichen Methoden möglichst mathematisch genau vorausberechnet wird. Am liebsten ist diesen Zauderern, wenn ihnen ein konkretes Kursziel an die Hand gegeben wird. Daran kann man sich halten, meinen sie.

Dass das Oligmüller-System bei null enden würde, war für mich todsicher. Das Drama sollte als Warnung dienen, doch das Publikum vergisst viel zu schnell und lernt nichts dazu.

Für den aggressiven Granville aber empfinde ich kein Mitleid. Er hat bisher auch viel größeren Schaden angerichtet als Oligmüller. Denn der selbst ernannte Börsenguru fiel 1981 dramatisch auf die Nase und verursachte bei seiner gläubigen Gemeinde einen Verlust von über 100 Millionen Dollar.

Das Pikante dabei war, dass Granville sich stets damit rühmte, er selbst habe noch nie an der Börse etwas unternommen, denn nur so könne er sich seinen Geheimrezepten widmen und Objektivität bewahren, obwohl er sein Publikum aggressiv zum Börseneinsatz verleitete.

Dazu mein Kommentar: Man fragte einmal den weltberühmten Gastrosophen Anthelme Brillat-Savarin, warum er so viel über Leckerbissen schreibe, wo er selbst doch eine ganz bescheidene Küche führe. »Ganz einfach«, war die Antwort, »ich will länger leben als meine Leser.«

»Ich will es euch erklären!«

Große Ölbohrkonzerne bieten Tausenden kleinen Sparern in der Bundesrepublik angeblich aussichtsreiche Beteiligungen an. Die deutschen Sparer liefern sich nicht nur den deutschen, sondern insbesondere auch den kanadischen Partnern aus, die, wie in der Gralserzählung, »in fernem Land – unnahbar euren Schritten«, mit ihrem Geld nach Öl forschen und bohren.

Für mich ist das klar wie der Tag (speziell bei kanadischen Gesellschaften!), dass bei Ölbohrungsfinanzierungen durch Privatsparer Tür und Tor für Manipulationen aller Art offenstehen. Der Texas-Anwalt McMurray, der seit Jahrzehnten auf diesem Feld tätig ist, sagte klipp und klar: »In Ölgeschäften gibt es mehr als 50 Methoden zu betrügerischen Machenschaften.«

Selbstverständlich wird man unter den zahlreichen Bohrungen hier und da auf Öl stoßen – so wie man sicher ein paar der Tierchen trifft, wenn man mit der Pistole in ein Fass voller Heringe schießt. Ein solcher Fund wird dann zum Anlass für eine weitere gigantische Werbung und in der ganzen Bundesrepublik wird ausposaunt: »Das Öl ist da!« So machen es die Spielkasinos, wenn es einem Spieler einmal auf wundersame Weise gelingt: »Ein Gast hat die Bank gesprengt!« Wahrscheinlich wenden die Promoter manchmal auch den Trick an, Ausschüttungen aus dem Eigenkapital zu machen.

Geht ein Bau- oder Filmprojekt schief, wird das Fiasko in kürzester Zeit bekannt. Bei den Ölbohrungen aber, selbst wenn sie total erfolglos bleiben, kann man das Publikum noch lange an der Nase herumführen: Man müsse noch tiefer bohren, wozu man natürlich auch mehr Geld brauche. Oder es sei günstiger, das wertvolle Öl im Boden weiter schlafen zu lassen, da der Preis sowieso weiter steigen müsse.

Der Geldgeber wird sich so etwa das Gleiche anhören müssen wie mein alter Freund Grün, der seinen Buchhalter zu einem säumigen Kunden schickte.

Bald war der Angestellte wieder da. Grün: »Nu, hat er bezahlt?« – »So gut wie bezahlt«, sagte der Buchhalter. »Was heißt das: so gut wie…?« – »Ich will es Euch erklären: Der Kunde hat einen Sohn, der geht aufs Gymnasium. Nachher macht er seinen Doktor. Als Doktor kriegt er eine reiche Frau. Und sobald er die Mitgift hat, wird er seinem Vater Geld geben und der wird uns bezahlen.«

Irgendwann, irgendwann, sagen die Initiatoren, werden auch bei den Ölgeschäften die Profite kommen.

AUS DEM NOTIZBUCH (I)

In meiner Jugend gab es an der Pariser Börse noch einige Herren, die Monokel trugen. Wenn ich die Herren so sah, musste ich an meinen Freund Ferenc Molnár denken, der einmal sagte: »Es ist sehr elegant, Monokel zu tragen, aber man sieht doch besser ohne.«

»Fluctuat nec mergitur.« Sie schwankt, aber geht nicht unter. Diese Devise auf dem Wappen der Stadt Paris sollte auch der Leitspruch für die Börse sein.

Die Börse ist eine bunte Welt, eine Art von Dschungel, wo der Starke den Schwachen auffrisst. Vae victis! Es herrscht unter den Profis ein permanenter Kampf und ein dazu bestens geeignetes Zweiparteiensystem: Baissiers und Haussiers oder – wie die Angelsachsen es malerisch ausdrücken – Bears and Bulls (Bären und Bullen).

In Fragen des Appetits sind die Börsenprofis verschieden. Es gibt Bescheidene und Vorsichtige, die meinen: »Sicher ist sicher.« Mit kleinen Gewinnen sei noch niemand zugrunde gegangen, sagen sie, und laufen mit 10 Prozent Profit glücklich davon.

Auf der ganzen Welt haben Börsenprofis aber auch etwas Gemeinsames. Sie sehen jedes Ereignis aus der Perspektive ihres Börsenengagements. Gesetze, Regierungsentscheidungen erklären sie für dumm und unmoralisch, wenn es ihren Interessen schadet, und alles ist klug, höchst moralisch, wenn es in ihren Kram passt.

Der Werdegang der Spekulanten – wie auch immer sie aussehen – beginnt fast immer gleich, ungefähr so, wie ein unschuldiges Mädchen manchmal zum ältesten Beruf der Menschheit gelangt: Zuerst ist es Neugier, dann Vergnügen, Leidenschaft sogar, und zum Schluss nur noch Geldgier. Ich bin glücklicherweise erst in der zweiten Phase. Nach einem halben Jahrhundert ist die Börse für mich immer noch eine Leidenschaft.

Viele, sogar ältere Börsenkollegen beklagen sich oft, es sei heute so schwer, an der Börse klarzusehen. Sie sei so undurchsichtig. Lächerlich: Die Börse war und ist immer undurchsichtig, sonst wäre sie ja keine Börse. Aber natürlich, es gibt gute Börsianer, die durchschauen das Ganze besser als die anderen. Wenn ich das Börsenergebnis ein Jahr vorhersagen würde, würden mich die anderen während des ganzen Jahres für einen Spinner halten.

Manchmal ist an der Börse ein zweideutiger Ratschlag besser als ein eindeutiger und klarer.

Ein Börsenspieler ohne Überlegung, Argumente oder Motivation gleicht einem Roulettespieler: Er ist ein Hasardeur.

Wer nicht fähig ist, sich selbst eine Meinung zu bilden und selbst eine Entscheidung zu treffen, sollte nicht zur Börse gehen.

Je mehr man den Tipps nachläuft, umso größer sind die Enttäuschungen.

Die sogenannte allgemeine Meinung an der Börse ist nicht einmal zehn Pfennig wert.

Man soll die Ereignisse nicht mit den Augen verfolgen, sondern mit dem Kopf. Oft ist es sogar an der Börse besser, die Augen zu schließen.

Die Nachrichten zu lesen und die Ereignisse zu kennen reicht nicht aus. Viel wichtiger ist, zu wissen, welche Folgen diese Nachrichten und Ereignisse haben können.

Es gibt keinen Narren, von dem man nicht doch etwas Wichtiges erfahren könnte, das in das Mosaik einer Börsenüberlegung hineinpassen könnte.

Häufig sage ich meinen Freunden meine Meinung über ein Papier oder eine Tendenz nicht, nicht weil ich ihnen keinen Pfennig gönnen würde, sondern weil ich selbst an meiner eigenen Meinung zweifle. Mein väterlicher Freund, Professor Hahn, sagte einmal: »Ich gebe nichts auf meine eigenen Dummheiten.«

Der Immobilienmakler regt sich nie auf, da er ja nicht weiß, wie der Kurs seiner Immobilien stünde, falls sie notiert würden. Er weiß sogar noch nicht einmal, ob seine Anlage zurzeit verkäuflich oder unverkäuflich ist.

Der Aktienbesitzer hingegen ist über die Schwankungen seiner Papiere stets informiert. Wenn er gerade selbst nicht genau nachschaut, tun die Presse und die Massenmedien alles dafür, dass er Bescheid weiß. Ein Rückgang von 5 Prozent – und schon wird er nervös! Der »Zittrige« sollte sich daher mit Immobilienanlagen begnügen.

MUSIK IST MEINE WELT

Über einen genialen Trick des Pariser Operndirektors

»Juwel meines Herzens«, so bezeichnete ich in meinem letzten Buch *Wunderland von Geld und Börse* die Börse von Paris, jene wunderbare Einrichtung, an der ich meine Laufbahn begann und nach der mich in der »Fremde« immer wieder Heimweh erfasst.

Aber ich habe diese Bezeichnung mit Skrupeln und inneren Schwierigkeiten gewählt, birgt Paris doch ein Institut, das ebenso ein »Juwel meines Herzens« ist: die Pariser Oper. Unzählige Abende habe ich dort verbracht, die ich nicht vergessen werde.

Doch darüber will ich hier nicht berichten, sondern über den genialen Trick des Pariser Operndirektors im Jahre 1938.

Denn damals, 1938, bereitete sich tout Paris auf eine ganz große Staatsvisite vor. Das königliche Ehepaar Georg VI. und Königinmutter Elisabeth kamen nach Paris, um gegenüber Hitler das feste englisch-französische Bündnis nochmals eindrucksvoll zu bekunden.

Zahlreiche Feste fanden statt, aber die Krönung aller Festlichkeiten war der Galaabend in der Pariser Oper. Und natürlich wollte jeder, der in Paris etwas zählte oder der sich einbildete »dazuzugehören«, bei dieser Veranstaltung unbedingt dabei sein: Politiker, hohe Staatsbeamte, Militärs, Wirtschaftsführer und so fort...

Angefordert wurden 6000 Karten, zu vergeben waren aber nur 3000 Plätze! Monsieur Ruchet, der Direktor der Pariser Oper, wurde von den größten Sorgen gequält. Wie sollte er niemanden beleidigen und dennoch all denen einen Platz verschaffen, denen dieser auch gebührte?

Und da hatte er plötzlich einen genialen Einfall: Über sein Sekretariat benachrichtigte er alle Kartenerwerber, dass für sie jeweils zwei Plätze zur Verfügung stünden, unter einer Bedingung: »Für Sie und Ihre Ehefrau!«

Die Idee erwies sich als außerordentlich wirksam. Sofort schmolzen die Anforderungen auf die Hälfte.

Und was war die Folge?

Dass der Abend ganz und gar nicht elegant war. Zwar kamen die Herren der Schöpfung in Uniform, mit Frack, Orden und allen Dekorationen. Aber es mangelte leider an eleganten Damentoiletten und am Glitzern von Diamanten und Juwelen.

So lebte man im Paris der 30er-Jahre!

Meine Lieblingskomponisten

Und wenn wir nun schon bei der Oper sind, möchte ich auch etwas über meine Neigung zur Musik schreiben; denn Musik ist meine Welt (sogar noch vor der Börse!).

Wenn ich zum Beispiel auf Reisen bin, kann ich zwar leicht widerstehen, die lokale Börse zu besuchen, aber nicht der Verführung, in die Oper oder in ein Konzert zu gehen.

Wer sind nun meine Lieblingskomponisten?

Auf diese Frage fällt es mir schwer, zu antworten. Ich bin ein so leidenschaftlicher Musiknarr, dass ich sie alle liebe, von Monteverdi bis zur Nachtigall in meinem Garten! Doch wenn ich genau überlege, gibt es doch den einen oder anderen, den ich besonders liebe, je nachdem, in welcher Situation oder Stimmung ich bin:

- Bach: beim Überlegen und Philosophieren – die beste Methode, meine Gedanken in strenger Logik zu halten
- Mozart: um mit dem lieben Gott zu plaudern
- Beethoven: um mich zu vertiefen
- Haydn: als Tafelmusik
- Schubert: zum Mitsingen
- Chopin: zum Träumen
- Wagner: um mich zu berauschen
- Verdi: zum Mitpfeifen (wie die Schusterjungen auf der Straße)
- Offenbach: beim Champagnertrinken
- Johann Strauß: zum Tanzen
- Richard Strauss: um meine Ohren zu kitzeln
- Mahler: um mich aufzuwühlen – ich werde leicht von seiner Leidenschaft mitgerissen!
- Debussy: um den Duft Frankreichs zu riechen
- Gershwin: für die Nostalgie meiner Jahre in Amerika
- Stockhausen: zum Abgewöhnen ...

Meine Lieblingsopern und -Opernszenen

- Don Giovanni von A bis Z
- Die Meistersinger von A bis Z
- Der ganze Falstaff
- Die ganze Carmen
- Die ganze Ariadne auf Naxos.
- Der erste Akt von Othello
- Bestimmte Teile von Tristan
- Die letzte Szene aus dem Rosenkavalier, das Terzett, in dem die Marschallin Oktavian verlässt
- Wotans Abschied…

Happy End in Havanna

Weil die folgende Geschichte, die zu den nettesten zählt, die ich im Laufe der Jahre in Amerika gehört habe, eigentlich der richtige Stoff für ein Musical wäre, möchte ich sie am Ende dieses Kapitels gerne kurz nacherzählen:

Herr Smith, der große Banker und Wall-Street-Magnat, versenkte sich nach einem opulenten Mittagsmahl in sein Fauteuil, holte sich eine dicke, große Josepoff-Zigarre aus seiner elfenbeinernen Kassette und versuchte mehrfach, sie mit seinem goldenen Dunhill-Feuerzeug anzuzünden.

Vergebens!

Denn die Zigarre gestattete einfach keinen Luftzug durch ihr Inneres. Herr Smith tastete hin, Herr Smith tastete her an der Zigarre. Er fand nichts Besonderes und wunderte sich sehr.

Plötzlich aber entdeckte er den kleinen Zipfel eines Papierchens, das in die Zigarre eingefügt worden war. Neugierig zog er es aus der Zigarre, blätterte das Papierchen auf, und siehe da, ein ganz winzig klein geschriebener Text! Herr Smith holte seine Lupe und las Folgendes:

»Lieber Genießer, der du jetzt nach einem reichhaltigen Mahl diese wunderbare Zigarre anzünden willst: Denke, dass diese Kostbarkeit von einem hübschen jungen Mädchen angefertigt wurde, das seine Jahre in einer staubigen Fabrik im fernen Havanna verbringen muss!«

Der Text berührte Herrn Smith ganz außerordentlich. Und obwohl er die Zigarre wegwerfen musste, dachte er über Tage und Nächte hinweg an den merkwürdigen Vorgang und träumte von dem jungen Mädchen, das in einer Zigarrenfabrik verwelken musste und das ihn durch diesen kleinen Zettel auf sich aufmerksam gemacht hatte.

Nach einer unruhigen Nacht entschloss er sich, das Mädchen aufzusuchen und kennenzulernen. Er machte sich auf den Weg und flog nach Havanna. Dort endlich traf er die kleine Zigarrendreherin. Sie zu sehen und sie zu lieben, war die Frage weniger bewegender Sekunden. Und kurze Zeit später nahm er die hübsche Kubanerin zu seiner Frau und machte aus ihr eine große Dame.

Die Geschichte ging natürlich rund um die Welt. Aber wehe, wehe, wenn ich auf das Ende sehe! Die Zigarrenfabrik machte Pleite, weil von nun an jede Zigarre einen sentimentalen Liebesbrief enthielt.

»CASH ON THE TABLE« FÜR EWIGE KUNST?

So wie Musik für mich ein bewegendes Element meines Lebens ist, ist für viele kultivierte und wohlhabende Menschen die bildende Kunst die Leidenschaft ihres Lebens.

»Geld ist vergänglich, Kunst ist ewig«, war der Werbegag von Sir Joseph Duveen, dem größten Kunsthändler der 20er- und 30er-Jahre, mit dem er die amerikanischen Millionäre fürs Kunstsammeln gewann. Zahllose große Sammlungen und Museen sind die Folgen seines Kreuzzuges für die Kunst. Ist dieser Werbeslogan auch heute noch gültig? Ist die Kunst auch heute noch Mittel, das Ersparte vor der Vergänglichkeit des Geldes zu bewahren?

Meine Antwort: Jein. Alles hängt davon ab, welche Kunst, für wen und um welchen Preis. Viele Sammler von Kunst- und anderen Liebhaberobjekten, die aus Leidenschaft, Liebe oder Hobby ihre Schätze erwarben, haben gute Erfahrungen gemacht. Freilich nur theoretisch, denn ein authentischer Sammler würde eher hungern, als sich von einem Stück seiner Sammlung zu trennen. Dagegen gibt es viele andere, die in Kunst spekulieren wollen und dann nolens volens Sammler geworden sind, da sie für ihre Schätze keine Abnehmer fanden. Wie bei den Wertpapieren: Steigt eine Aktie, ist man ein guter Spekulant, fällt sie, wird man zum Anleger.

Über grosse Sammler

Wer ist nun der Bona-fide-Sammler? Man wird dies nicht über Nacht, nur weil ein gerissener Makler oder Händler einem Objekte andreht (Bilder, Porzellan, Silber oder Teppiche) unter der Rubrik »Schutz gegen Inflation«. Der Sammler ist entweder dazu geboren oder durch seine Umgebung dazu erzogen.

Ich hatte in den 40er-Jahren in New York einen guten Freund, den alten spanischen Millionär José Lazaro. Er war ein Prototyp des leidenschaftlichen Sammlers: Gemälde, altes Kristall, wertvolles Porzellan und so weiter. Alles war in seinem Zwei-Zimmer-Appartement im Hotel Pierre aufgestapelt.

Auf meine Frage, ob alles gut versichert sei, war seine Antwort: »Wozu? Die Versicherung zahlt mir ja doch nur Geld zurück, das kein Ersatz für diese Objekte ist.« Ich denke oft an meinen alten Freund Lazaro, dessen Sammlung sich heute in einem Madrider Museum befindet, das seinen Namen trägt. Er hat sie der spanischen Regierung vermacht. Nach seinem Tod stellten Experten zwar fest, dass viele seiner Objekte Fälschungen waren, doch hat er sie zu seinen Lebzeiten religiös geliebt, bewundert. Er streichelte seine Objekte und fühlte ihre Radioaktivität.

Ein anderer Sammler war zum Beispiel mein Freund Baron Ferenc Hatvany. Sein Vater, der in den 90er-Jahren sein Vermögen an den Börsen von Budapest und Johannesburg (eine komische Mixtur) vervielfacht hatte, beklagte sich bei seinen Freunden: »Mein Sohn ist verrückt, er gibt sein ganzes Geld für Schmierereien aus.« Unter diesen »Schmierereien« von Gauguin, Renoir und Cézanne befand sich zum Beispiel auch das Paradestück der Manet-Ausstellung von Paris und New York (Sommer/Herbst 1983), »Die Bar der Folies Bergères«.

Hatvany sagte mir kurz nach dem Krieg: »Siehst du meine Haare? In einer Nacht sind sie weiß geworden, als betrunkene russische Soldaten die schönsten Stücke meiner Sammlung zerstörten.«

Ihre gleichsam religiöse Liebe zur Kunst

Lazaro und Hatvany waren authentische Sammler wie viele andere, die bei einem Hold-up »Kunst oder Leben« ihr Leben – und das ist die Definition des Sammlers – anbieten würden. Für sie war Kunst ein göttliches Produkt und ihre gleichsam religiöse Liebe zu ihr wurde auch belohnt, im Gegensatz zu denen, die aus dieser Religion Geschäfte machen wollten. Für diese war Kunst oft ein Reinfall.

Wie auch bei Gold und Diamanten können Kunstwerke lediglich aufgrund von Angebot und Nachfrage bewertet werden. Und die haben ausschließlich psychologische Motivation. (Bei Diamanten und Gold spielen allerdings die Selbstkosten eine Rolle.) Der Preis eines Kunstwerkes ist jener, den man von einem Dritten – Museum, Kunsthändler oder Sammler – dafür erhalten kann. Denn selbst in Zeiten, in denen man

»Kunst wegen Kunst« kaufte, änderten sich die Preise je nach der Mode. Sie werden jedoch manipuliert durch Massenmedien und Versteigerungen, wenn sie von Insidern in die Höhe getrieben werden.

In der Preisentwicklung auch meistgeschätzter Kunstgegenstände habe ich in meinem Leben die größten Extreme erlebt. Eine der größten Sammlungen, die von Marcel von Nemes (München/Venedig) – ich bin ihm noch persönlich begegnet –, wurde in den 30er-Jahren versteigert, aber der Ertrag reichte nicht einmal zur Schuldendeckung. Heute wäre sie unschätzbar. Welche empfindsamen, fast schon übermenschlich sensiblen Augen er hatte, beweist die Tatsache, dass er nach über 300 Jahren Vergessenheit den großen spanischen Maler El Greco wiederentdeckt hat. Die Kataloge seiner früheren Sammlungen werden heute übrigens für 5000 DM versteigert.

»Ewige Kunst«: eine gute Anlage?

Der genannte Sir Joseph Duveen mit seinem riesigen Lager von Bildern ist vor dem Zweiten Weltkrieg in Zahlungsschwierigkeiten geraten. Einige seiner Bilder wären heute astronomische Summen wert, während andere zu Ladenhütern wurden. Ob die zeitgenössischen Bilder, die heute als Anlageobjekte propagiert werden, tatsächlich »ewige« Kunst und eine gute Anlage sind, werden nur die Erben feststellen können, wenn sie in 50 oder 100 Jahren dafür nicht nur moralische und theoretische Anerkennung bekommen werden, sondern auch »cash on the table«.

AM CAFÉHAUSTISCH ERZÄHLT (II) (FERENC MOLNÁR)

Kosto hat's mir gesagt

Mit dem weltberühmten und so angenehm geistreichen Schriftsteller Ferenc Molnár verband mich eine besonders rege und enge Freundschaft, die uns oft zusammenführte. Er mochte mich sehr und schätzte meinen Rat, besonders in Börsen- und Wirtschaftsfragen.

Einmal berichtete man mir von einer Debatte, die er mit einem Budapester Freund in einem New Yorker Caféhaus hatte: Molnár behauptete, eine gewisse Sache sei schlicht nicht möglich, sein Freund behauptete genau das Gegenteil, doch, sie sei möglich: »Nein, nein«, wiederholte Molnár, und »Ja, ja«, antwortete der Freund.

»Woher weißt du das so sicher, dass du Recht hast?«, fragte Molnár.

»Kosto hat's mir gesagt!«

Molnár schwieg und die Sache ward ad acta gelegt.

Ein weiteres kleines, aber sehr beredtes Zeichen, wie hoch er mich schätzte, war, dass er – wiewohl als Geizhals verschrien – mich oft in sein Stammrestaurant zum Lunch einlud. Und jedes Mal betonte er bei dem Kellner: »Bitte eine gemeinsame Rechnung!« Molnárs Dauerauftrag an das Restaurant war nämlich sonst: »Wenn ich mit jemandem speise, bitte getrennte Rechnung!«

(Ich habe aus dieser Geschichte gelernt, dass, wenn ein Gastgeber die gemeinsame Rechnung gegenüber dem Kellner im Voraus ausdrücklich betont, diese Einladung ein ganz besonderes Kompliment, eine ganz besondere Anerkennung darstellt.)

Von Schnorrern umgeben

Auch über seine Faulheit gibt es unzählige Anekdoten. Üblicherweise stand er erst um drei Uhr am Nachmittag auf. Das Hotelpersonal hatte strengste Anweisung, ihn vorher unter keinen Umständen zu stören.

Eines Tages war er jedoch als Zeuge vor Gericht geladen, wo er schon »frühmorgens« um zehn Uhr erscheinen musste. Schläfrig und gähnend ging er zu Gericht und sah zu seinem größten Erstaunen, dass viele Menschen durch die Straßen gingen: »Komisch«, murmelte er, »sind das alles Zeugen?«

In seiner Jugend liebte er es, häufig nachts im Caféhaus zu arbeiten, besonders gern im Café New York, das auch heute noch wegen seiner kostbaren Einrichtung ein weltberühmtes Café ist. (So viele berühmte Persönlichkeiten waren in früherer Zeit Stammgäste dieses Cafés, dass ich heute schon allein deswegen gerne dort hingehe, um ihre Geister zu beschwören!) Auf den kleinen Marmortischen dieses Hauses schrieb er auch sein berühmtestes und bestes Stück »Liliom«, das zunächst bei der Presse glatt durchfiel. »Natürlich«, sagte seine Mutter, »wie kann ein Stück, das man im Caféhaus geschrieben hat, auch Erfolg haben?« »Liliom« wurde aber später dennoch ein Welterfolg.

Molnár – dank seines Vermögens und Einkommens – war häufig von Schnorrern umgeben. In Karlsbad trat einmal ein Mann auf ihn zu und sagte:

»Herr Molnár, ich heiße Kovacs und bin pleite, könnten Sie mich nicht etwas unterstützen?« Molnár griff ohne zu zögern in seine Tasche und gab ihm 100 Kronen, was damals keine bedeutende Summe war. »Was«, sagte höhnisch der Pumper, »ein Molnár gibt 100 Kronen?« – »Nein«, antwortete Molnár, »einem Kovacs gibt man 100 Kronen.«

Als er zum dritten Mal verheiratet war – mit dem berühmten Reinhardt-Star Lilli Darvas –, hatten sie ein neues Dienstmädchen. »Sie dürfen den gnädigen Herrn unter keinen Umständen in seinem Zimmer stören, denn er arbeitet«, instruierte die Darvas das neue Mädchen. Am folgenden Tag sagte das Mädchen: »Gnädige Frau, als die Tür offen war, sah ich den gnädigen Herrn. Er arbeitet doch gar nicht, er schreibt ja nur.«

Molnár konnte eine überaus freche Zunge haben. Speziell auf bestimmte Journalisten war er nicht gut zu sprechen. Eines Tages übernachtete bei ihm als Hausgast ein bekannter Redakteur. Als am nächsten Morgen das Telefon klingelte, verlangte man den Gast aus Berlin. Molnár antwortete, ohne zu zögern: »Nein, der Herr ist nicht zu sprechen, der Herr Redakteur liegt noch im Bett!«

Ka Geld, ka War'

Während einer Junggesellenperiode zwischen zwei Ehen fragte ihn ein Freund: »Sag', Feri, warum nimmst du dir nicht endlich irgendeine permanente Wohnung?« – »Ich hab doch eine wunderbare Fünf-Zimmer-Wohnung«, antwortete er. »Nur sind die Zimmer weit voneinander entfernt: eins im Hotel Hungaria in Budapest, eins im Imperial in Wien, eins im Adlon in Berlin, eins im Carlton in Cannes und eins im Daniel in Venedig.«

Feig war er auch. Nie hätte er ein Flugzeug genommen. Bevor er in irgendeinem Hotel in der Provinz abstieg, musste die Direktion immer genau beschreiben, aus welchem Material das Hotel gebaut war. Die großen Mogule aus Hollywood bedrängten ihn ununterbrochen, nach Hollywood zu kommen, denn seine Geschichten waren alle für große Filme geeignet. Allerdings war er sehr darüber verärgert, dass man sie aus technischen Gründen immer wieder umarbeitete. Eines Tages versprach man ihm einen triumphalen Empfang in Hollywood und drängte ihn zu einer wunderbaren, großartig organisierten Reise: vom Budapester Westbahnhof im feinsten Luxuszug nach Cherbourg, von dort in der teuersten Kabine des schönsten Schiffes nach New York, von dort im Pazifikexpress im größten Luxus nach Kalifornien.

»Schön, schön«, war seine Antwort, »aber wie komme ich vom Caféhaus zum Westbahnhof?«

Er war auch sehr neugierig und wollte immer alles genau wissen und über alles genau informiert sein.

Als ich kurz nach dem Zweiten Weltkrieg zum ersten Mal wieder nach Europa reiste, bat er mich, ihm eine kurze, aber präzise Beschreibung der Wirtschaftslage Europas zu übersenden. Nach meiner Rundreise berichtete ich ihm kurz, aber genau: in Frankreich viel Geld, aber ka War'; in Italien viel Ware, aber ka Geld; in der Schweiz viel Geld und viel War'; in Deutschland ka War' und ka Geld. (In Frankreich war Inflation, man druckte Geld Tag und Nacht, aber die deutsche Besatzungsarmee hatte alle Waren verbraucht und verzehrt; die Italiener hatten ihre Ware schlitzohrig versteckt, doch die Notenbank war geizig; die Lage in der Schweiz erübrigt jeden Kommentar; und Deutschland lag am Boden.)

Molnár war mit meiner Antwort besonders zufrieden, was er mir nach meiner Rückkehr bestätigte, denn ich hatte ihm ja die Quintessenz der Wirtschaftslage in Europa gecheckt.

AUS DEM NOTIZBUCH (II)

Während einer Parzival-Aufführung bei den Salzburger Festspielen traf ich einmal einen Börsenkollegen, von dem ich nie angenommen hätte, dass er sich auch für Musik interessierte. Auf meine Frage, was er denn hier mache, antwortete er einfach, kurz, aber vielsagend: »Ich warte auf das Ende!« Dieselbe Antwort gab ich oft Freunden, als sie mich nach meiner Meinung über die IOS-Spekulation, Silber-Corner, Joe Granville, Oligmüller usw. gefragt haben: »Ich warte auf das Ende!«

Der Mann wurde von Gott erschaffen, um das Geld zu machen. Die Frau wurde von Gott erschaffen, um das Geld zu halten. Das ist das Ideale – auch für die ganze Familie –, wenn der Mann der Leichtsinnsvogel und die Frau der Geizhals ist. Das Gegenteil wird zu einer Familientragödie. Ich habe dafür in meinem Bekanntenkreis und in meiner Familie zahlreiche Beweise. Mein Vater brachte meiner Mutter stets die schönsten Geschenke, doch erntete er dafür nur Beschimpfungen für seine Verschwendungssucht. »Warum denn«, antwortete er, »lieber so als für die Apotheke!«

Eine kluge Frau sollte stets einen Baisse-Spekulanten in Reserve haben. Dann ist ihr Wohlergehen für alle Zeiten gesichert.

Fritz Kreisler, der größte Geigenvirtuose seiner Zeit, war ein leidenschaftlicher Spekulant. Das konnte er sich allerdings auch leisten; denn seine Verluste vom Nachmittag konnte er am Abend ja wieder einspielen.

Peter Altenberg, der berühmte Wiener Poet und Bohemien, galt als Caféhausschnorrer. Eines Tages schrieb er an seinen Bruder: »Mein lieber Bruder, schicke mir bitte dringend 1000 Gulden, ich hab' nicht einen Heller mehr, mein ganzes Geld ist auf der Sparkasse!«

Ferenc Molnár, von dem jetzt schon mehrfach die Rede war, verstand an sich nicht viel von der Technik der Börse. Er definierte mir einmal den Baisse-Spekulanten als »einen, der sich selbst eine Grube gräbt, in die dann der andere hineinfällt«. (Den Esprit dieses Satzes können nur die Vollblutprofis verstehen!)

Jacques Ibert, der große französische Komponist, sagte einmal, Kunst bestehe zu 10 Prozent aus Inspiration und zu 90 Prozent aus Transpiration. An der Börse steht für Transpiration das Wort »Erfahrung«.

Der Bankier, der spekuliert und Pech hat, wird oft zum Schwindler. Derjenige, der Glück hat, wird zum Genie.

Wie flucht der arme Jude einem Reichen? »Du sollst der einzige Millionär in deiner Familie sein!«

»Ich höre, du hast einen großen Treffer gemacht und 100 000 Mark gewonnen, was machst du jetzt?« – »Ich mache mir die größten Sorgen.«

Viele brauchen das Geld nicht, um es zu besitzen, sondern um es zu zeigen.

Über einen reichen Dummkopf wird man immer wie über einen Reichen sprechen, über einen armen jedoch wie über einen Dummkopf.

Vermögend zu sein bedeutet, mehr Geld zu haben als die anderen aus demselben Milieu.

Das große Geld – auch in der Tasche eines Dummkopfs – will zur Geltung kommen und Anerkennung finden; und die Macht des Geldes ist riesengroß!

Der Präsident einer Wiener Großbank, Hofrat von Minkus, sagte einmal während einer großen Inflationszeit: »Wir sind nicht klug, wir sind nicht tüchtig, wir sind nur fein!« Ich glaube, er würde heute mit dieser Auffassung nicht sehr weit kommen.

Man sollte erkennen, dass hinter den Fassaden großer Finanzinstitute keine Musterknaben sitzen.

Nicht reich muss man sein, sondern unabhängig!

ÜBER PROZESSE UND ANDERE NARRETEIEN

Nicht nur Operndirektoren haben geniale Ideen. Auch ein Anwalt hatte in meiner Jugendzeit eine faszinierende und geniale Idee – und zwar, um eine Bank zu überlisten. Er hieß Dr. Karl Eötvös, vielleicht der prominenteste Anwalt Ungarns in jener Zeit. Er erzählte folgende Geschichte – natürlich einige Jahrzehnte später – am Caféhaus-Stammtisch, und ich möchte sie in diesem Buch unbedingt wiedergeben:

Ein gerissener Anwalt

Der Angestellte der Provinzfiliale einer Budapester Großbank, Sohn einer vornehmen, aber nicht betuchten Familie, war ein Rennspieler. Vom Spiel besessen, verlor er zunächst sein kleines Spargeld und unterschlug peu à peu 20 000 Gulden (heute rund 400 000 DM) aus der Kasse, was er gut kaschieren konnte. Er war, wie so viele Spieler, davon überzeugt, dass er eines Tages mit einem Außenseiter den großen Coup landen werde und damit das unterschlagene Geld wieder zurückzahlen könne. Er kannte ja nicht meinen Spruch, den ich den Spielern, egal ob Börse, Karten oder Rennen, ständig vor Augen halte: »Gewinnen kann man, verlieren muss man, zurückgewinnen ist unmöglich!«

Als zu Jahresultimo eine strenge Kontrolle angemeldet wurde, geriet der junge Mann in Panik und sah sich schon im Gefängnis. Er lief zum Anwalt der Familie (Dr. Eötvös), um alles zu beichten, und sprach sogar von Selbstmord. Der Anwalt überlegte und fragte: »Da Sie einen so großen Betrag unbemerkt unterschlagen haben, können Sie einen weiteren aus der Kasse herausnehmen?«

»Nichts ist leichter, Herr Anwalt!«

»Dann bringen Sie mir so bald wie möglich 20 000 Gulden hierher, in meine Hände!«

Zehn Tage später erschien der junge Mann mit dem Geld. »Gehen Sie jetzt – und kein Selbstmord!«

Nun ging der Anwalt zum Vorstand der Bank und berichtete auf dramatische Art, dass der junge Mann 40 000 Gulden unterschlagen habe und jetzt von Selbstmord spreche. Groß war die Aufregung, die Direktion drohte mit Skandal und Strafanzeige.

»Nicht so schnell, meine Herren«, beruhigte sie der Anwalt. »Seine angesehene Familie wird sicher alles tun, um ihre Ehre zu wahren!« Zehn Tage später meldete er sich wieder und berichtete dem Vorstand: »Die Familie ist außer sich und will alles tun, um den Sohn und die Ehre zu retten. Doch sehr reich ist sie nicht. Das Maximum, das sie zusammenkratzen konnte, sind 20 000 Gulden, sehr viel Geld. Aber sie ist bereit, es für die Familienehre zu opfern. Natürlich unter der Bedingung, dass man die Augen zudrückt.«

Was konnte der Vorstand Klügeres tun, als die Augen zu schließen?

Und wenn wir hier schon über Finanzfragen, Prozesse und ähnliche Narreteien sprechen, kann ich folgende Geschichte kaum übergehen, die über eine monströse Geldfälschung berichtet:

Der Mangel eines Stecknadelstichs

Es geschah in Den Haag, Mitte der 20er-Jahre. Ein gut angezogener Herr mit vertrauenswürdiger Miene kam in eine Wechselstube und verkaufte dort eine 1000-Franc-Banknote (das wären heute etwa 5000 DM). Keine ungewöhnliche Angelegenheit für eine große Wechselstube, wo täglich Hunderte ähnlicher Transaktionen getätigt werden.

Doch später bemerkte der Kassierer, dass die Banknote keine Stecknadelstiche hatte. Es war nämlich die Spezialität der Banque de France, immer zehn Banknoten mit einer Stecknadel zusammenzuheften. Neue Scheine hatten also mindestens zwei Einstiche. Waren sie jedoch seit Längerem im Umlauf, waren sie wie ein Sieb durchlöchert. Der Kassierer war etwas überrascht, kümmerte sich jedoch nicht weiter um die Angelegenheit.

Einige Wochen später kam derselbe Mann wieder und wollte erneut einen größeren Betrag in 1000-Franc-Scheinen verkaufen. Der Kassierer erkannte ihn, und bevor er den Gegenwert auszahlte, entschuldigte er sich für einen Moment und rief im Nebenzimmer die Polizei an. Er hielt seinen Kunden bis zum Eintreffen der Polizei auf. Der Mann musste seine Papiere zeigen. Und dabei stellte sich heraus, dass es sich um einen hohen ungarischen Offizier in Zivil handelte. Bei einer Hausdurchsuchung in seinem Hotel fand man mehrere Koffer voll mit Tausender-Scheinen. Nach wissenschaftlicher Untersuchung stellte man fest, dass es sich um eine Fälschung handelte, jedoch um eine derart wunderbare Fälschung, dass sie nur aus einer staatlichen Notenpresse stammen konnte.

Die Untersuchung führte zu einem gigantischen politischen Skandal zwischen Ungarn und Frankreich, da die Urheber der Fälschung drei prominente Männer waren: Prinz Ludwig Windischgrätz, Minister a. D. (den ich in den 50er-Jahren in Paris gut kannte, ein sympathischer alter Bohemien), der Landespolizeichef und ein katholischer Bischof. Sie beriefen sich auf eine politische Motivation: Sie wollten durch ihre Aktion den Erzfeind Ungarns, Frankreich, in eine Finanzkatastrophe stürzen, indem sie durch eine gigantische Inflation den Franc entwerten würden.

Ein lächerlicher Plan! Denn wie hätten sie sogar mit ein paar Hundert Millionen eine katastrophale Inflation verursachen können? Eine äußerst kindische Vorstellung. Ich bin überzeugt davon, dass das politische Motiv erfunden war. Der einzige und wahre Grund war sicherlich die Geldgier. Die Herren waren große Verschwender und es wurde behauptet, sie seien schwer verschuldet; besonders Windischgrätz soll hohe Kartenschulden gehabt haben.

Nichtsdestoweniger wurde bei dem Prozess die politische Argumentation angenommen und dadurch die Strafe vermindert. So platzte ein großes Finanzprojekt nicht, wie üblich, durch einen Stecknadelstich, sondern gerade umgekehrt, am Mangel eines Stecknadelstichs.

PS: Ich möchte noch bemerken, dass genau 20 Jahre später die Nazis während des Zweiten Weltkrieges genau dieselbe

Methode benutzten, um England zu schaden. Sie fälschten Pfund-Noten – ganz ausgezeichnete Scheine –, um England in eine Inflation zu stürzen. Wie wir wissen, war auch dieser Versuch erfolglos – wie viele andere.

IM WUNDERLAND DER SPEKULANTEN

»Ja, ja, guter Mann«, sagte Moritz Kobrach

Oft denke ich an einen typischen Vertreter der Makler bereits vergangener Zeiten, wenn ich mit den Brokern zusammen bin und beobachte, wie ihre Provisionsmaschine läuft. Eine einzige Idee führt jeden von ihnen: kaufen, verkaufen, kaufen, verkaufen, das heißt Provisionen einstreichen. Sie haben ja auch große Spesen, die alle durch Provisionen gedeckt werden müssen, nicht aus Kursgewinnen! Sie geben zwar Ratschläge, doch sind ihre Motivationen nicht Sachüberlegungen, sondern Profitstreben. Der richtige Makler spekuliert ja selber nicht. Das ist auch richtig so, denn damit bewahrt er seine Objektivität in jenen Zeiten, wenn die Kunden unter dem Druck der Ereignisse ihre Nerven verlieren.

Eine nette kleine Anekdote erzählt von einem alten Makler und seiner Einstellung zum Börsengeschäft. Vor dem Ersten Weltkrieg war Budapest noch die größte Getreidebörse Europas. Millionenbeträge wurden in den Terminhandel mit Weizen, Hafer, Mais usw. gesteckt. Aus ganz Europa kamen die Aufträge, aber auch ganz Ungarn spielte mit. Die größten Spieler waren die Landwirte, denn wenn sie eine gute Ernte ahnten, verkauften sie auf Termin nicht nur ihre eigene Ernte, sondern das Doppelte. Sahen sie eine schlechte Ernte voraus, kauften sie zu ihrer eigenen auf Termin noch eine riesige Quantität auf.

Die Kurse schwankten also ununterbrochen und die Spiellust der Zuschauer wurde immer größer. Sie spielten den ganzen Tag in Weizen, Gerste, Mais und Hafer, auch Pflaumenmus war ein beliebter Spielartikel. Und wenn die Budapester Börse geschlossen hatte, warteten sie gespannt auf die Schlusskurse von Chicago, die erst um 22 Uhr eintrafen. Dieses Spiel gehörte zum Tagesgespräch wie das Wetter, die Ernteaussichten – und das heißt natürlich die weitere Kursentwicklung.

Moritz Kobrach stammte aus Deutschland, war aber an der Budapester Warenterminbörse der größte und reichste Makler. Er sprach zwar sehr fehlerhaft Ungarisch, doch verstand er fabelhaft die zwei wichtigsten Worte: kaufen, verkaufen! Trotz seines Reichtums war er ein einfacher puritanischer Mensch, der nur für sein Geschäft und seine Provisionen lebte. Dies reichte auch völlig aus, denn die Aufträge kamen in Massen.

»Geben Sie mir die 20 000 Gulden …«

In einem Moment, als der Weizenkurs sich langsam abgeschwächt hatte, kam ein Kunde zu ihm ins Büro mit trauriger Miene und schwerem Herzen.

»Herr Kobrach, mein Hausse-Engagement im Weizen steht schlecht und mein Konto ist schon notleidend. Ich bin total fertig. Hier sind meine goldene Uhr, mein goldenes Zigarettenetui und 20 000 Gulden Bargeld. Das ist alles, was ich besitze, obwohl meine Verluste schon größer sind. Entweder begnügen Sie sich damit oder Sie können mir den Buckel herunterrutschen. Die Börse wird mich nie mehr wiedersehen!«

»Ja, ja, guter Mann«, sagte Kobrach, ohne mit der Wimper zu zucken. »Sie haben sich in Ihrem Hausse-Engagement etwas übernommen. Ein großes Pech. Aber es ist nicht meine Gewohnheit, jemandem den Buckel herunterzurutschen, und die Börse wird Ihretwegen nicht blind. Stecken Sie jetzt Ihre Uhr wieder ein, sonst wissen Sie nicht, welche Stunde Ihnen geschlagen hat, und auch Ihr Zigarettenetui, sonst gewöhnen Sie sich das Rauchen noch ab und schaden damit dem Monopol. Geben Sie mir die 20 000 Gulden und die Sache ist erledigt. Nun glaube ich aber, dass der Weizen noch weiter zurückgehen wird. Sollte ich nicht für Ihre Rechnung mit zehn Kontrakten à la baisse gehen?«

Der Mann wusste nicht, was er antworten sollte, schwieg und zeigte damit sein Einverständnis. »Ja«, meinte Kobrach, »das Werkel muss weitergehen. Man gewinnt, man verliert.« Und dachte sich, die Provisionen strömen, auch wenn manchmal ein Kunde nicht zahlen kann. Hauptsache ist, das Rad dreht sich weiter und ich erhalte meine Provisionen.

Über die heutigen Broker

Das war »die Welt von gestern«. Die heutigen Broker sind natürlich längst nicht mehr so großzügig wie Kobrach. Sie können es auch gar nicht sein, sonst wären sie ganz schnell pleite. Außerdem sind auch die Verordnungen der heutigen Regierungsbehörden viel zu streng. Doch achten sie genauso darauf, dass die Provisionsmaschine gut weiterläuft. Auch sie haben nur ein Credo: Provisionen. Das Zauberwort ist: Umsatz. Denn soundso viel Aktien Umsatz an einem Börsentag bedeuten soundso viel Provisionen für die Firmen.

Ich bin selbst oft erstaunt, wie sie sich manchmal bloßstellen. Ich rufe den Broker an und frage nach der Tendenz. Die Antwort ist: »Fantastisch, kolossal, Riesenumsatz, 100 Millionen Aktien, der Ticker ist zehn Minuten zu spät, …«

»Und wie ist der Index?«, frage ich. »Fast unverändert«, lautet die Antwort.

»Das nennen Sie fantastisch und kolossal?«, antwortete ich zornig. »Hundert Millionen Aktienumsatz sind doch fantastisch, oder nicht?« – »Für Sie, aber nicht für mich, denn mich interessieren die Kurse, ob sie steigen und um wie viel, der Umsatz ist wichtig für euch Broker, aber nicht für uns Kunden.«

Kurz und gut, die Maschine funktioniert und wird ununterbrochen geölt, damit sie noch besser funktioniert. Eigentlich habe ich ja nichts dagegen, denn die Broker ziehen auch Hunderte von Sparern an den Kapitalmarkt. Und das ist günstig für unser ganzes System. Je mehr Kunden, kleine und große Spieler, Spekulanten oder Anleger, umso liquider wird der Markt. Und je liquider der Markt, umso größer ist die Garantie für den Sui-generis-Anleger, sein Geld, das er in Aktien angelegt hat, wieder liquid zu machen, wenn er es braucht. Auf einem liquiden Markt kann man Tausende von Aktien in einigen Sekunden verkaufen, ohne größere Kursverschiebungen zu verursachen. Nur so kann die Börse ihre tatsächliche Rolle erfüllen, Sparkapital in Unternehmen einzufrieren und auch wieder aufzutauen.

Beobachte ich die vielen, vielen Makler, die ich kenne, wie sie ihre Kunden emsig am Telefon zu Börsengeschäften animieren wollen, denke ich an den alten »Philosophen« Kobrach: »Das Werkel muss weitergehen.«

Er ist jedoch der Börse untreu geworden und wurde dafür auch bestraft. Er wollte Unternehmer werden und kaufte sich für die Millionen, die er an Provisionen verdient hatte, eine große Schuhfabrik, mit der er pleiteging. So verlor er sein ganzes Vermögen und starb in Armut in seiner Heimat Deutschland.

Der Ring der »Nie-Gelungen«

Wie schon oft erwähnt war die Budapester Getreidebörse speziell für Termingeschäfte vor dem Ersten Weltkrieg die bedeutendste in Europa, denn Ungarn war ja die Kornkammer Mitteleuropas. Und wo eine Terminbörse existiert, gibt es auch zahlreiche Gelegenheiten für Manipulationen. Unter Manipulationen verstehe ich künstliche Preistreiberei (nach oben und nach unten), insbesondere wenn dies von Interessengruppen organisiert wird. Hafer war oft das Objekt solcher Manipulationen. Er war ja das Öl jener Zeit, der Brennstoff der Verkehrsmittel, der Pferde also, besonders in der Armee.

Der Hafer-Corner von Budapest

Eine kleine Gruppe von Spekulanten rechnete sich (wieder einmal) um die Jahrhundertwende aus, dass aufgrund der Erntestatistik, der Wetterprognosen und des in etwa kalkulierten Verbrauchs der K.-u.-k.-Armee der Haferpreis à la hausse orientiert sein müsste. Es lag also auf der Hand, sich darin à la hausse zu engagieren und möglicherweise die Preissteigerung künstlich zu unterstützen.

Einige Spekulanten gründeten daher ein Syndikat mit einem gut ausgearbeiteten Plan (was man nun Corner oder Ring nannte). Sie ließen durch Strohmänner im ganzen Land Hafer aufkaufen, um die effektive Ware zu blockieren, und erwarben gleichzeitig immer mehr Terminkontrakte an der Börse. Der Kurs stieg langsam an zur größten Überraschung der Baissiers, die davon überzeugt waren, die K.-u.-k.-Armee habe sich mit Hafer schon eingedeckt. Außerdem erhielten sie von ihren Chicago-Korrespondenten eher pessimistische Preisvoraussagen, da man in Middle West eine gute Ernte erwartete.

Während die Preise langsam weiterstiegen, entdeckten sie plötzlich, dass hinter dieser Bewegung ein Manöver steckte, in dessen Erfolg sie jedoch kein Vertrauen hatten, weshalb sie noch mehr Hafer-Terminkontrakte leerverkauften. Dadurch entstand wieder einmal die typische Situation für einen Ring (Corner), wie zum Beispiel vor einigen Jahren in dem Hunt-Silber-Corner (siehe nächstes Kapitel). In beiden Fällen hatte das Syndikat mehr Terminkontrakte aufgekauft, als überhaupt Ware vorhanden war. Dies hier also war der berühmte Hafer-Ring, von dem man an der Budapester Börse noch jahrzehntelang sprach.

Da die Wettervoraussagen in Ungarn nicht günstig waren, hätte man schon aus diesen Gründen eine für die Baissiers fatale Preissteigerung erwarten können. Diese waren nicht müßig und zerbrachen sich den Kopf darüber, wie man dem Corner Einhalt gebieten könne. Einer hatte dann eine glänzende Idee: Man solle gegen die gemeinen Preistreiber in der ungarischen Presse eine Kampagne starten unter dem Motto »Die Aushungerer der Armee« und dann eine Delegation zu Baron Auffenberg ins Kriegsministerium entsenden, um ihn gegen die Ausbeuter der Armee aufzuhetzen. Die Information der Baissiers, die Armee sei mit Hafer schon eingedeckt, war nämlich falsch gewesen.

»Ich lese nur die ›Taims‹«

Die Hausse-Partei frühstückte jeden Morgen in einem kleinen Caféhaus neben der Börse, wo die Herren ihre Pläne auskochten. Eines Morgens erschienen in der gesamten ungarischen Presse unisono Anklageartikel gegen die Bösewichte der Börse, welche die nationale Armee schändlich ausnützen wollten. Ein äußerst antipatriotisches Benehmen, gegen das man an höherer Stelle eingreifen müsse. Das Hauptziel der Angriffe war natürlich der Chef des Syndikats, Armin Sandor, ein besonders kluger, gerissener Börsenhase, der alle Kniffe der Branche beherrschte. Man beschimpfte ihn ganz persönlich mit den schlimmsten und derbsten Ausdrücken.

Die Syndikatskollegen saßen also im Caféhaus und warteten auf die Reaktion des Chefs. Endlich kam er in dem verrauchten Lokal an, setzte sich an den Tisch seiner Kollegen und bestellte einen Kaffee mit Haut[2] und Butterkipferl, als sei überhaupt nichts passiert. Als endlich ein Kollege es nicht mehr aushielt und ihn fragte, was er denn zur Tagespresse sage, meinte er: »Ich lese nur die Taims.« (Dazu muss man wissen, dass Sandor nicht ein Wort Englisch konnte.)

Damit war für ihn die Angelegenheit erledigt, nicht aber für den Corner. Die Delegation der Baissiers erreichte eine Audienz bei Baron Auffenberg (den die Ring-Teilnehmer seitdem den »Esel auf dem Berg« nannten). Er intervenierte bei der ungarischen Regierung, die daraufhin bei den Budapester Banken erreichte, dass die für den Kauf der effektiven Ware gegebenen Kredite sofort gekündigt wurden. Damit platzte der Corner mit großen Verlusten und die Baissiers strichen

---

2 Im frühen Mitteleuropa servierte man den Kaffee nicht mit Schlagsahne, sondern mit der Haut, die sich beim Kochen auf der Milch gebildet hatte.

wieder kräftig ein. Ich betone »wieder«, denn im Hafer waren schon häufig Corners gebildet worden, die jedoch aus irgendwelchen Gründen immer platzten, und die Baissiers konnten dann immer »einstreichen«. Deshalb nannte man den Hafer-Corner den Ring der »Nie-gelungen«.

»Was ist Intimes in der *Times*?«

Interessanterweise habe ich aus dieser Geschichte 80 Jahre später selbst Nutzen gezogen. Ich machte die Bekanntschaft des Chefredakteurs der Londoner *Times*, eines besonders reizenden und sympathischen Herrn, dem ich die Geschichte erzählte. Er amüsierte sich so darüber, dass er mir ein Gratis-Jahresabonnement anbot. Für dieses Angebot wollte ich mich revanchieren und erzählte ihm eine zweite Anekdote über die *Times*:

Ich hatte in Paris einen Börsenkollegen, einen gebürtigen Frankfurter namens Löwengard, der jedoch »british subject« war. Als der Weltkrieg 1914 begann, hatte er als gebürtiger Deutscher Angst, in Frankreich oder England zu bleiben, und zog in die Schweiz, wo er die ganze Kriegszeit verbrachte. Als er 1918 nach dem Krieg seinen abgelaufenen britischen Pass bei dem Züricher Konsul verlängern wollte, schaute dieser ihn eisig an, prüfte seinen Pass und fragte streng: »Was haben Sie im Krieg für England getan?«

Löwengard antwortete mit größter Selbstsicherheit: »Ich las jeden Morgen die *Times*.«

Mein neuer Freund, der Chefredakteur, brach in Lachen aus und erhöhte das Gratisabonnement auf zwei Jahre.

Um ihm meine Dankbarkeit auszudrücken, zitierte ich ihm dann den Titel der meistgelesenen Rubrik in einer Budapester Wochenzeitung: »Was ist Intimes in der *Times*?« In dieser Rubrik waren alle Klatsch- und Bettgeschichten der Stadt beschrieben.

Ich möchte hier auch erwähnen, dass über ungarische Journalisten und die ungarische Presse Dutzende von Anekdoten und Witze zirkulieren. Meiner Ansicht nach ist die folgende Anekdote wohl die beste:

In einer kleinen Gemeinde – 3000 Einwohner – kommt abends der Chefredakteur des Lokalanzeigers zum Stammtisch.

Er erklärt mit Pathos: »Der Zar aller Reußen wird zerspringen, ich sage euch, zerspringen wird er.«

»Was ist denn geschehen?«, war die Frage im Chorus.

»Ich habe einen strengen Leitartikel gegen ihn geschrieben.«

Eine gigantische Pokerpartie: der Silber-Ring der Brüder Hunt

Alle Zeitungsleser, insbesondere diejenigen, welche die Finanznachrichten aufmerksam verfolgen, kennen die berühmte Geschichte des Silber-Corner.

Eine wahnwitzige Aktion der verrufenen Brüder Hunt brachte vor einigen Jahren in Amerika das Wort ins Gespräch; und für »Corner« gibt es im Deutschen, wie schon gesagt, ein schönes Wort, das in den Sagen der Deutschen eine große Rolle spielt: Es ist das Wort »der Ring«.

Die Hunts hatten also einen Silber-Ring aufgebaut. Worin bestand nun dieser Ring? Eine fundamentale Voraussetzung dafür war, dass der laufende Silberverbrauch größer war als die laufende Produktion (dank der chemischen und insbesondere der Fotoindustrie). Diese Diskrepanz, so klein sie auch war, musste à la longue zu einer Preissteigerung führen. Die Hunts kauften also aufgrund der statistischen Zahlen ein großes Quantum Silber auf. Sie wurden jedoch ungeduldig und wollten von der Preissteigerung sofort profitieren, und zwar ordentlich.

Zu dem Zweck kauften sie schön langsam und ohne großen Lärm Silberkontrakte auf dem Terminmarkt. Gleichzeitig erwarben sie unbemerkt das Metall bei Produzenten und Händlern in den USA, Mexiko usw. Die Kurse stiegen langsam an und das Ring-Syndikat kaufte weiter effektive Ware und Kontrakte. Viele Spieler, Spekulanten und Profis (es gibt Hunderttausende in Amerika, aber auch in Hongkong, Bombay, Mexico-City usw., überall, wo Silber ein Nationalprodukt ist oder große Bestände existieren) fanden, dass die Preise zu hoch waren, und rechneten mit einem heftigen Kursrückgang. Sie verkauften bei steigenden Preisen immer weitere Silberkontrakte leer. Dank des Rings kam der Rückschlag jedoch nicht. Das Syndikat verknappte die Ware immer mehr, die dadurch fast völlig vom Markt verschwand. Es erwarb sogar die Kontrolle über einige Silberminen und konnte somit Lieferungen stoppen. Die Preise stiegen weiter, die Baissiers wurden immer wilder und verkauften immer mehr Leerterminkontrakte.

Und dann kam der Augenblick, wo das Syndikat feststellen konnte, dass es mehr Silber auf dem Terminmarkt aufgekauft hatte, als es Ware gab. Es kam zu einer großen Offensive. Die Hunts kauften weiter Kontrakte und trieben die Kurse, dank ihrer großen Propaganda und mithilfe der Medien in der ganzen Welt, in die Höhe. Der Slogan lautete: »Wie groß der Bedarf, so klein sei das Angebot!« Die Broker riefen ihre Kunden an und empfahlen ihnen, Silberkontrakte zu kaufen, die Bassiers würden erwürgt, ... das bekannte Lied.

Die Kaufaufträge strömten herein, die Kurse stiegen und die Bilanz der Käufer war jeden Tag positiver. Mit dem Papiergewinn kauften sie dann weitere Kontrakte, das Spiel war leicht, dann man musste ja nur 10 Prozent Garantie einzahlen. Kurz und gut, der Kurs stieg von 5 auf 50 Dollar pro Unze.

Die Gewinne der Käufer wurden immer größer und die Verluste der Baissiers ebenfalls. Die ganze Welt der Börsenspieler beobachtete mit Spannung, wie diese gigantische Pokerpartie enden würde. Und ich – wie mein Freund beim Parzival in Salzburg – wartete auf das Ende.

Was dann geschah, ist heute ein interessantes Kapitel der Finanzgeschichte. Der ganze Corner fiel plötzlich wie ein Kartenhaus zusammen, teils weil die Behörden mithilfe von Kreditbestimmungen eingriffen, teils weil der ganze Markt überspielt war, und zum Teil auch, weil die Hunts trotz allem nicht über unbegrenzte Mittel verfügten.

Vielleicht spielte auch das Schicksalsgesetz, wonach ein Ring nie gelingen kann, eine Rolle. Hinzu kam, dass sich die sachlichen Überlegungen hinsichtlich Angebot und Nachfrage änderten, vor allem durch technische Verschiebungen in der chemischen Industrie.

AM CAFÉHAUSTISCH ERZÄHLT (III)

Mein Freund Boschkowitz

In den 20er-Jahren gab es in ganz Europa ein durchaus reges Devisengeschäft – besonders auf dem Schwarzmarkt.

Man handelte mit Millionen, egal ob in Budapest, Berlin, Wien oder Paris. In Budapest kannte ich einen besonders zuverlässigen Devisenhändler namens Boschkowitz. (Diese Schwarzhändler sind sehr zuverlässig, häufig sogar zuverlässiger als die anderen Börsianer; man kann ihnen Millionen anvertrauen, es fehlt am Schluss kein Pfennig.)

Eines Tages wurde mein Freund von der Wirtschaftspolizei gefasst und zur Wache gebracht. Der Hauptmann schaute ihn schräg an und sagte drohend: »Boschkowitz, Sie haben mit Dollars gehandelt!«

Boschkowitz machte eine erstaunte Miene und sagte todernst: »Wieso denn, Herr Hauptmann, mit Dollars handeln ist doch verboten?« Der Hauptmann war wie vor den Kopf geschlagen, überlegte eine Sekunde und sagte:

»Es handelt sich um ein Missverständnis, Herr Boschkowitz, vielleicht. Bitte, Sie können jetzt gehen.«

Ein weiteres Beispiel, um zu illustrieren, wie ehrlich der Devisenhandel auf dem Schwarzmarkt abgewickelt wurde: Ein gewisser Nikolaus Hofbauer, der nach dem Zweiten Weltkrieg ganz große Schwarzmarktgeschäfte tätigte, hatte bei sich sehr hohe Geldbeträge von Kunden deponiert, die dafür ausländische Devisen haben wollten. Eines Abends bekam er den Wink, dass die Devisenpolizei Beweise gegen ihn habe und ihn verhaften wolle. Sofort sprang er in ein Taxi und fuhr zu all diesen Kunden, gab ihnen ihr Geld zurück und floh erst anschließend ins Ausland.

»Einen Schnorrer kann man überall gebrauchen«

Es gibt Hunderte von Geschichten über »Schnorren und Schnorrer«. Außer Molnárs Episoden möchte ich noch eine zitieren, und zwar die von Anton Kuh.

Anton Kuh war eindeutig der König aller Schnorrer. Er war Wiener, lebte jedoch in Berlin. Er nannte sich »Journalist«, schrieb jedoch fast nie etwas. Dafür unterhielt er seine zahlreichen Freunde mit geistreichen Plaudereien, Bemerkungen und Kommentaren. Die Leute ließen sich gern von ihm anpumpen, um seine Gesellschaft genießen zu können.

Nach der Machtübernahme Hitlers reiste er nach Amerika mit der Begründung »Einen Schnorrer kann man überall gebrauchen«. Er war ein »Vollarier« – auch nach Hitlers Definition –, aber seine besten Kunden waren eben reiche Berliner Juden, denen er nachreiste.

Das Schnorren war sein Lebenselixier. Ich sah ihn öfters in Paris auf der Durchreise in Richtung Amerika.

»Geben Sie mir doch eine Zigarre«, bat er mich einmal. Ich entschuldigte mich, dass ich keine bei mir habe.

Darauf er schlagfertig. »Dann geben Sie mir 10 Francs, damit ich mir eine holen kann.«

Einmal pumpte er einen Freund um 1000 Mark an. Der Freund gab ihm jedoch nur 500. Kuh schnappte sich das Geld sofort, kommentierte aber gleichzeitig: »Wie stehen wir nun? Schuldest du mir noch 500 Mark oder ich dir?«

»Ich weiss, lieber André«

Auch unter meinen engsten Bekannten gab es einen erstklassigen Schmarotzer: Joshi. Joshi betrachtete seine Freunde als Steuerzahler, die ihn erhalten mussten. Aber seine Gesellschaft war so unterhaltend und lehrreich, dass ich diese Steuer gern bezahlte. Er pumpte mich jahrelang an, ahnte aber wohl eines Tages, dass sein Kredit bei mir nahezu erschöpft war, und erklärte mir deshalb mit Tremolo in der Stimme: »Ich weiß, lieber André, dass ich dir schon 5000 Francs schuldig bin. Ich denke auch immer an diese Schuld. Siehst du, dass ich daran denke – das sind die Zinsen.« Diese Erklärung für seine Zahlungsunfähigkeit reichte, zumindest in seinen Augen, zum Bonitätsnachweis.

Über eine heikle politisch-philosophische Frage

Ist es nicht genauso heute mit all den Schuldnerländern, von denen man spricht und über die man schreibt? Aber die meisten von ihnen bemühen sich nicht einmal um eine so elegante Geste wie die meines Freundes – und wenn sie Zinsen zahlen, dann auch nur aus gepumpten Geldern.

Die Politiker des Westens, die heute für die »Dritte Welt« mehr und mehr Unterstützung fordern, sollten sich einmal die Zahlen durch den Kopf gehen lassen. Dann würden sie feststellen, dass die Verschuldung dieser Länder – rund 500 Milliarden Mark zuzüglich der 100 Milliarden Schulden des Ostblocks – den Löwenanteil der Weltinflation ausmacht.

Ob dieser Betrag aus Handels- und Finanzkrediten besteht, ist gleichgültig, denn zurückgezahlt wird er sowieso nie. Das ist angesichts der hohen Summen auch gar nicht mehr möglich.

Für 600 Milliarden Mark wurden aus den Industrieländern Waren exportiert und jede Lieferung ohne Gegenleistung treibt in der Heimat die Inflation in die Höhe. Sich damit herauszureden, dass diese Exporte den Arbeitsmarkt unterstützen, ist volkswirtschaftlicher Unsinn, wenn nicht politische Lüge. Diese Milliarden wurden dem Sozialprodukt des Westens entnommen und verschenkt. Und das bedeutet Inflation.

Das einzige Heilmittel wäre eine höhere Produktivität der Wirtschaft durch Automatisierung und Rationalisierung. Das erfordert jedoch massive Investitionen, die wieder inflatorisch wirken würden.

Um aus dem Sozialprodukt des Westens anderen Staaten noch mehr zu geben, müsste man den Lebensstandard des Westens vorübergehend beträchtlich senken. Ob freilich Gewerkschaften, Landwirte und insbesondere alle diejenigen, die im Westen hart arbeiten und auch Wähler sind, damit einverstanden wären, das ist die entscheidende Frage.

Die emotionale Einstellung der Schuldner ist mit dem Wohlergehen der Gläubigerländer unvereinbar.

Als ich vor kurzer Zeit einem hohen chinesischen Diplomaten die Frage stellte, ob man einmal mit einer ganz bescheidenen Regulierung der chinesischen Anleihen rechnen könne, war seine Antwort sehr höflich und vielsagend: »Wieso denn? Wir sind ja dem Westen überhaupt nichts schuldig. Im Gegenteil; er ist uns etwas schuldig für all das, wie er uns jahrhundertelang ausgebeutet hat!«

Wer ist wem was schuldig? Das ist eine heikle politisch-philosophische Frage. Sehr schnell wird hier an die Solidarität appelliert. Aber diese sollte doch wohl in der eigenen Familie beginnen, unter den reich gewordenen Ölländern und ihren armen Vettern zum Beispiel umso mehr, als die größte Belastung der Armen durch die unerschwinglich hohen Ölpreise entstand.

Seien wir lieber gleich bös?

Man kann natürlich auch den Standpunkt der Schuldnerländer großherzig akzeptieren und ihnen weitere Geschenke zukommen lassen. Okay, aber dann soll niemand über Inflation und ihre Konsequenzen lamentieren, sondern den Gürtel enger schnallen.

Ich wiederhole immer wieder, dass es für die Schuldner wichtiger ist, sich die richtigen Gläubiger auszusuchen, als für die Geldgeber, die richtigen Schuldner zu finden. Die Dritte Welt, die Vierte Welt und die kommunistische Welt hatten bei der Wahl ihrer Gläubiger eine wahrhaft glückliche Hand.

Wenn aber diese Gläubiger weder feig noch dumm noch verantwortungslos sein wollen, müssten sie eigentlich auf weitere Forderungen von nun an ähnlich antworten wie der realistische und gescheite Grün seinem Freund, der ihn zum wiederholten Male anpumpen wollte: »Schau, Kohn, wozu sollen wir uns zerstreiten, wenn du später eh' nichts zurückzahlen kannst. Seien wir lieber gleich bös, ich geb' nix!«

AUS DEM NOTIZBUCH (III)

Man nennt mich oft »Börsenexperte«. Ich akzeptiere das Kompliment, nicht weil ich weiß, was an der Börse morgen sein wird, sondern weil ich weiß, was heute ist und gestern war – und das ist schon sehr viel; denn die meisten Profis wissen nicht einmal das. Sie wissen auch nicht, dass die Kurse erst die Nachrichten machen – die dann weiterberichtet werden – und nicht die Nachrichten die Kurse! Die Zukunft aber kann ich nicht voraussehen, jedoch durchaus manchmal erahnen. Natürlich finde ich die Objekte in der Dunkelheit leichter als einer, der soeben erst eintritt, da ich schon seit Jahren in ihr suchend herumtaste.

Weise ist der Börsenspekulant, der auch die Sprache der Dummköpfe versteht.

Ein alter Spruch sagt, die Börse sei Monte Carlo ohne Musik. Meine Behauptung ist: Die Börse ist Monte Carlo mit viel Musik, doch muss man die Antennen haben, die Musik richtig aufzufangen, um dann die richtige Melodie zu erkennen.

Den meisten Börsenkollegen stimme ich lieber zu, als mich mit ihnen in eine Debatte einzulassen.

Was wäre die Börse ohne Narren! Und was wäre die Börse noch, wenn ein Supercomputer alles wissen würde? Meine Antwort auf beide Fragen: »Es wäre keine Börse!«

Steigt die Börse, kommt das Publikum, fällt die Börse, geht das Publikum.

Der Zufall ist oft die Rettung einer falschen Spekulation.

Im Leben ist alles relativ, besonders an der Börse und in der Finanzwelt. Ob die Zinsen zu hoch oder zu niedrig sind, die Geldmenge zu groß oder zu klein, der Dollar über- oder unterbewertet ist, zum Schluss ist alles relativ. Genau wie bei einem meiner Freunde, der ein hundertprozentiger Bohemien war:

Er hatte in seiner Garderobe nur zwei Hemden und er trug das eine immer nur so lange, bis es relativ schmutziger war als das andere.

Für einen Spekulanten ist es nützlicher, über etwas nachzugrübeln, ohne etwas zu unternehmen, als etwas zu unternehmen, ohne zuvor nachzugrübeln

Der Vollblutspekulant kauft nur Papiere, durch die er sich einen drei- oder vierfachen Gewinn erhofft. Es kann jedoch durchaus der zehnfache Gewinn werden (diese Erfahrung habe ich oft gemacht).

Wenn ein Kaufmann seine Waren mit 100 Prozent Gewinn verkauft, nennt man das Betrug. Verkauft ein Börsenspekulant seine Papiere zum doppelten Kurs, so nenne ich das einen normalen Gewinn.

Das große Unglück bei uns alten Spekulanten ist, dass wir zwar viele Erfahrungen gesammelt haben, unsere Waghalsigkeit jedoch verloren haben.

Wenn ein Spekulant auf einen Tipp »Ja« sagt, meint er »Vielleicht«, sagt er »Vielleicht«, meint er »Nein«, und wenn er spontan »Nein« sagt, ist er kein wirklicher Spekulant.

Wenn ein Bankier auf einen Vorschlag »Nein« sagt, meint er »Vielleicht«, sagt er »Vielleicht«, meint er »Ja«, sagt er aber spontan »Ja«, dann ist er kein guter Bankier.

»Der Bankier wird von Gott verachtet, weil er nach hohen Zinsen trachtet.« Jesus hat auch die Geldwechsler aus dem Tempel gejagt und ihre Tische zerstört. Bis heute blieben die bösen Banker und ihre Banken ein heißes Thema. Man hat es schwer mit ihnen, aber ohne sie schafft man's auch nicht. Die Wahrheit von heute ist, dass die Passiva der Banken praktisch schon verstaatlicht sind, die Aktiva dagegen privatisiert bleiben. Alexandre Dumas der Jüngere hatte Recht: »Geschäft? Das ist sehr einfach, das bedeutet anderer Leute Geld.«

Die einzige Fabrik, die Washington Tag und Nacht arbeiten lässt, ist die Notenpresse.

Von einem Fünftel der Börse leben die Spekulanten, von vier Fünfteln die Brokerfirmen.

Ich kannte einmal einen Philosophieprofessor, der sprach und schrieb so verworren und kompliziert, dass man seine Gedankengänge nur ahnen konnte; ihn umgab aber die Aura der Größe: So hat das, was von den Menschen nicht erfasst wird, den Nimbus, etwas Wunderbares zu sein. Je unwahrscheinlicher die Verheißung, desto größer die Anhängerzahl.

Wenn die Goldgurus lachen, weinen Millionen von Menschen.

Gegen falsche und verworrene Theorien kann man nur mit klarem Wissen und mit festem Willen kämpfen.

KOSTOLANYS BÖRSEN-VADEMECUM

- Welchem Spiel ist die Börse am ähnlichsten?
  Dem Skat, Bridge oder Poker. Der Börsianer muss seine Kombinationen und Entscheidungen an die sich ständig ändernde Situation anpassen wie der Kartenspieler sein Spiel an die Karten, die er erhält. Die Ereignisse können für den Börsianer günstig oder ungünstig sein wie die Kartenverteilung für den Spieler. Ein guter Börsianer zieht sich wie ein guter Kartenspieler aus der Affäre: Mit guten Karten gewinnt er viel, mit schlechten verliert er wenig. Die Börse ist mit dem Schach am wenigsten zu vergleichen, weil Schach ein reines Kombinationsspiel ist. Auch mit dem Roulette, einem reinen Glücksspiel, hat sie nichts zu tun. Börse ist eine Mischung von Glück und Erfahrung! Glück entscheidet, welche Karten der Spieler bekommt, das heißt, wie die Ereignisse eintreffen. Beim Schach zum Beispiel kommt Glück nicht infrage.

- Welcher Beruf steht dem eines Börsianers am nächsten?
  Der eines Arztes, denn genau wie ein Börsianer muss der Arzt zuerst eine Diagnose stellen. Aus ihr ergeben sich al-

le weiteren Überlegungen. Arzt und Börsianer tasten erst einmal ihre Lage ab, bevor sie endgültige Entschlüsse fassen. Und auch danach müssen sie ihre Entscheidungen sofort wieder ändern, wenn sie merken, dass sie in eine falsche Richtung führen. Der Gedankengang eines Ingenieurs oder Betriebswirtes dagegen ist genau entgegengesetzter Art: Er ist rein mathematisch. Ein so geschulter Mann wird sich nur ungern von Intuition leiten lassen. Viele Ärzte nennen die Medizin daher ja auch nicht eine Wissenschaft, sondern eine Heilkunst. Und mit der Börse ist es genauso: Sie ist bestimmt keine Wissenschaft, sondern eine Kunst.

- Bei der Entscheidung, ob man kaufen oder verkaufen soll, muss man sich folgende Richtlinie vor Augen halten: Die allgemeine Börsentendenz ist ausschlaggebend für alle Papiere. Die beste Aktie kann bei einer Talfahrt der gesamten Börse selten steigen (oder nur schwer). Dagegen reißt eine allgemeine Euphorie die schlechten Aktien auch mit in die Höhe, manchmal sogar höher als die guten.

- Ein Börsianer darf seine Papiere nie im Verhältnis zum Einkaufspreis, sondern muss sie zum Tagespreis einschätzen. Bei der Entscheidung, ob er verkaufen soll oder nicht, muss er den Einkaufspreis vergessen.

- Nach seinen Erfolgen soll ein Börsianer bescheiden bleiben und bestimmt nicht stolz sein, denn sogar der Dümmste kann an der Börse Erfolge erzielen. Es gibt ja nur zwei Möglichkeiten: Ein Papier kann steigen oder fallen. Wenn man von zwei Möglichkeiten die richtige erwischt, ist das noch lange kein Grund, sich etwas einzubilden. Es kann auch reine Glückssache sein. Für die Zukunft soll der Börsianer mäßig zuversichtlich sein. Wenn man Ideen hat, muss man auch Hoffnung haben, aber eine gewisse Skepsis ist angebracht, da zu viele Imponderabilien einen Strich durch die Rechnung machen können.

- Auch mit den besten Papieren kann man Geld verlieren, wenn man zur falschen Zeit ein- oder ausgestiegen ist, und auch mit falschen Papieren kann man gewinnen, wenn man zur rechten Zeit ein- oder aussteigt.

- Die zwei entscheidenden Faktoren für die kurzfristige Börsentendenz sind die Psychologie und die technische Verfassung des Marktes, das heißt, ob die Wertpapiere sich in den Händen kapital- und nervenstarker Anleger oder in den Händen von Zittrigen befinden.
  Auf kurze Sicht hat die Wirtschaftslage, das heißt die Fundamentalien, gar keinen Einfluss auf die Kurse, auf Zins und Branchenkonjunktur auch nur insofern, als einige Spekulanten daraus für spätere Termine Schlüsse ziehen. Merke: Die Kurse steigen, wenn die Käufer stärker unter materiellem oder psychologischem Druck stehen als die Verkäufer, und vice versa. Die Psychologie und die technische Verfassung des Marktes beeinflussen Käufer und Verkäufer am unmittelbarsten und fast hemmungslos. Nicht die Ereignisse beeinflussen die Börsenkurse, sondern die Reaktionen des Publikums auf die Ereignisse.
  Es ist unberechenbar, wie das Publikum auf die verschiedenen Ereignisse und Nachrichten reagiert. Wenn die Papiere in schwachen zittrigen Händen sind, ist das ein stark negativer Faktor. Wenn sie in starken Händen oder Tresorschränken (und voll bezahlt) sind, ist das ein positiver Faktor.

- Der entscheidende Faktor für die mittelfristige Börsentendenz ist der Zinsfuß. Der Zins, also die Liquidität auf dem Kapitalmarkt, entscheidet, ob Nachfrage oder Angebot stärker sein werden. Der Zins hat einen direkten Einfluss auf den Anleihenmarkt: Wenn die Rendite der Anleihen kleiner wird, kommen mehr flüssige Mittel zur Börse. Aber diese Zinswirkung auf die Börse macht sich erst nach einer gewissen Zeit bemerkbar: mittelfristig.

- Für langfristige Tendenzen ist die Psychologie ziemlich wertlos. Wer will heute schon die Ängste, Hoffnungen und Vorurteile von übermorgen voraussehen? Die allgemeine Konjunktur und besonders die Branchenkonjunktur entscheiden über Qualität und künftige Rendite der Aktien. Wer die Entwicklung einer Branche auf mehrere Jahre voraussehen kann, kann davon viel profitieren.

- Der Entschluss, ob man ein Wertpapier verkaufen soll oder nicht, ist vom (vergangenen) Kaufpreis vollkommen unabhängig, sondern er hängt von den Chancen der (künftigen) Entwicklung ab, das heißt, die Börse antizipiert und antizipiert die Antizipationen, das sind also Antizipationen im Quadrat. Man muss ein absolut objektives Urteil fällen. Auch mit Verlust muss verkauft werden, wenn das objektive Urteil dafür spricht. Es ist allgemein bekannt, dass die meisten Anleger nicht mit Verlust verkaufen wollen, weil sie keinen Verlust bilanzieren möchten.

- Ob ein Wertpapier gefallen oder gestiegen ist, sagt nichts über die Zukunft aus. Für den Kauf muss man andere Gründe haben.

- Es ist manchmal interessant, auch Aktien von fast konkursreifen Firmen zu kaufen. Ihre tiefen Kurse spiegeln schon ihre schlechte Situation wider. Wenn die Pleite ausbleibt, schnellt der Kurs in die Höhe. Der Unterschied zwischen »fast pleite« und »saniert« ist größer als der zwischen »fast pleite« und »pleite«. Das Entsprechende gilt auch für notleidende Anleihen.

- Denn die notleidenden Anleihen sind manchmal die allergrößten Chancen für einen Spekulanten, aber natürlich auch für den Fall, dass die Schuldner – sei es ein Unternehmen, ein Staat oder eine Gemeinde – wieder in ein finanzielles Gleichgewicht kommen, das heißt saniert werden und die Zins- oder Kapitalzahlungen wieder aufnehmen. Jeder einzelne Fall muss Objekt einer speziellen Studie sein. Seit dem Zweiten Weltkrieg gab es Dutzende von Fällen, in denen man mit notleidenden Anleihen Riesengewinne machen konnte. Und in der Zukunft werden solche Fälle wiederkommen.

- Ob man Aktien auf Kredit kaufen darf, ist eine heikle Frage. Nur derjenige darf Wertpapiere auf Kredit kaufen, der über noch viel größere Vermögensposten verfügt als den Betrag, den er schuldig bleibt. Ich wäre fast geneigt zu sagen, dass man Wertpapiere unter keinen Umständen auf Kredit kaufen soll, es sei denn, man ist ein Hasardeur.

- Steigt der Markt nach tiefen Kursen mit kleinen Umsätzen, ist dies außerordentlich günstig, denn in diesem Falle bleiben die Papiere bei denjenigen, die sie in der Baisse gekauft haben – in festen Händen. Denn diese Käufer sind wahrscheinlich kapitalkräftiger als diejenigen, die nur bei steigenden Kursen kaufen. Wenn umgekehrt bei steigenden Preisen der Umsatz groß wird, so kann man daraus schließen, dass die Papiere in großen Quantitäten von kapitalkräftigen Händen in kapitalschwächere Hände übergehen – und das ist wiederum ungünstig für den Markt.

- Fallen die Kurse bei großem Umsatz, ist dies außerordentlich günstig, denn in diesem Falle gehen viele Papiere von den schwachen Händen, die sie zu hohen Preisen gekauft haben, jetzt bei fallenden Preisen in stärkere Hände über. Diejenigen, die bei steigenden Preisen kaufen, handeln unter dem Druck der Stimmung; diejenigen, die bei fallenden Preisen kaufen, sind die stärkeren Hände und handeln mit Überlegung. Je größer der Umsatz bei fallenden Preisen, umso günstiger für den Markt, denn zum Schluss bleiben in den schwachen Händen keine oder nur wenige Papiere.

- Steigt der Kurs auf gute Nachrichten nicht unmittelbar, ist dies ein sehr schlechtes Zeichen, denn die Börse wird ihre Gründe haben. Wahrscheinlich ist die technische Verfassung des Marktes schwach. Das heißt: Die Papiere sind in schwachen Händen.

- Wenn man Wertpapiere als langfristige Kapitalanlage kauft, ist es gleichgültig, ob sie heute, morgen oder übermorgen etwas billiger oder teurer zu haben sind. Langfristige Charts (Kurskurven) können – wie Börsianer mit jahrzehntelanger Erfahrung bestätigen – interessant sein und mit ins Kalkül gezogen werden.

- Man soll den Charts individueller Aktien in gewissen Fällen eine Bedeutung beimessen: Wenn zum Beispiel der

Chart einer Aktie gegen die generelle Tendenz geht, so kann dies auf die Transaktionen der Großaktionäre dieser Unternehmen hinweisen. Diese wissen, dass es der Firma schlecht geht, und wollen ihre Aktien abstoßen. Der Chart einer individuellen Aktie verrät manchmal Hintergründe, die man sonst nicht erfährt. Bei Charts von Aktiengruppen ist der Fall ähnlich, aber weniger bedeutend. Charts der verschiedenen Indizes geben überhaupt keine Informationen.

- Was die Kaufoptionen anbelangt, kann man nur feststellen, dass Kaufen oder auch Verkaufen interessant sein kann. Es hängt immer davon ab, für wen und in welcher Periode. Optionsverkauf (Stillhalten) ist für einen Kapitalisten eine Art von Zinsgeschäft. Wenn er über eine längere Zeit ununterbrochen Optionen verkauft, wird er wahrscheinlich aus seinem Kapital eine hohe Rendite herausquetschen. Optionskäufer können auch erfolgreich sein, wenn sie die Tendenz gerade im richtigen Moment erwischen. Die Wahrscheinlichkeit für einen Profit ist problematisch, aber wenn es einem gelingt, kann man mit seinem Einsatz das Mehrfache gewinnen.

- Die Laufzeit ist bei Optionen von größter Bedeutung. Für die Optionskäufer ist am günstigsten die Option auf längste Laufzeit, für die Optionsverkäufer (Stillhalter) die auf kürzeste Laufzeit. Je länger die Laufzeit, desto höher die Wahrscheinlichkeit für Kursänderungen. Und die sind günstig für den Optionskäufer und ungünstig für den Stillhalter.

- Das Optionsspiel kann man am besten mit Pferderennen vergleichen. Der Unterschied zwischen dem Optionskäufer und dem Stillhalter ist in etwa der gleiche wie zwischen zwei Spielern beim Pferderennen. Der Stillhalter entspricht dem, der auf den größten Favoriten auf dem Platz setzt, und der Optionskäufer dem, der einen Außenseiter auf Sieg wettet. Diesen Unterschied gibt es in etwa auch beim Roulette, ob man gleiche Chancen spielt oder einzelne Zahlen. Alles läuft auf einen gleichen Grundgedanken hinaus. Wenn die Gewinnchancen größer sind, gewinnt man wenig, sind sie klein, gewinnt man mehr.

- Der Handel mit Optionen ohne einen wirklichen Terminmarkt ist weniger interessant, weil man gegen Kaufoptionen keine Leerverkäufe tätigen kann.

- Die Börse kann auch in einer Rezession steigen, denn die Regierung muss dann die Wirtschaft ankurbeln und davon profitiert an erster Stelle die Börse.
  Die Börse kann auch trotz Steuererhöhung steigen. Wenn die Regierung die Steuern anhebt, kann sie auf dem Geldmarkt liberaler handeln. Niedrigere Zinsen schaffen mehr Liquidität, sind also günstig für die Börse.

- Ich erteile meine Börsenaufträge am liebsten am Wochenanfang, denn über das Wochenende hat man Zeit und Ruhe, um sich Gedanken über die Probleme der Börse zu machen, und dann kann man ruhig die Pläne für Montag schmieden.

- Die zwei besten Eigenschaften eines Börsianers sind Intuition und Elastizität. Intuition ist nichts anderes als unbewusste Logik, gemischt mit Fantasie. Sich allein auf Fantasie zu verlassen wäre zu gefährlich. Elastizität ist ebenfalls wichtig, denn der Börsianer muss es sich sofort eingestehen, wenn er irrte. »Nur der Ochs ist konsequent, der immer vom gleichen Heu frisst«, behauptete Bismarck.

- Genau wie Elastizität die beste Eigenschaft ist, so sind Eigensinn und Unentschlossenheit die schlechtesten. Sie brachten vielen Börsianern schon oft große Verluste.

- Die nützlichsten Studien eines späteren Börsianers sind Philosophie und eventuell Mathematik. Spekulation ist eine Art von Philosophie: ständig die Pros und Kontras abzuwägen, um eventuell die richtigen Konklusionen zu ziehen. Ein mathematisches Gehirn ist für Börsenspekulationen besonders geeignet, nicht weil die Börse etwa auf Mathematik aufgebaut wäre, sondern weil das Mathematikstudium ein gutes Training für das logische Denken ist. Betriebswirtschaft und Technik dagegen sind die größten Feinde der Börsenlogik, da die Börse ihre eigene Logik hat.

- Betriebswirtschaft und Technik sind deshalb Studien, die für einen künftigen Börsianer eher eine Belastung sind.

- Vorsicht, wenn ein Papier von irgendeiner großen Firma heiß empfohlen wird, denn wahrscheinlich will eine Finanzgruppe dieses Papier loswerden! So ein Papier muss man eher verkaufen.

- Den Transaktionen der Geldmanager soll man keine allzu große Bedeutung schenken. Sie können zwar auf kurze Sicht die Kurse dank der großen Mengen beeinflussen, sind jedoch langfristig völlig bedeutungslos. Außerdem stehen sich die Manager jeden Tag gegenüber, und da ihre Reaktionen auf die Ereignisse genauso sind wie die der kleinsten Spekulanten, gibt es einige, die kaufen, und andere, die verkaufen, und so heben sich ihre Aktionen praktisch auf. Auf lange Sicht ist weder die Meinung eines Geldmanagers noch die irgendeines anderen Mannes unfehlbar, denn die Imponderabilien in der Weltpolitik, in der Sozialentwicklung, in der Technologie, in der Wissenschaft sind zu zahlreich.

- Den Empfehlungen der Fachanalytiker soll man überhaupt keine Bedeutung beimessen. Sie verstehen von der Börse gar nichts, sie kennen nur die Situationen des analysierten Unternehmens an dem Tage, an dem sie es beurteilen, oder seine Vergangenheit; aber an der Börse muss man ständig improvisieren. Was gestern gültig war, ist heute vielleicht ohne Berechtigung, geschweige denn morgen ...

- Von den Empfehlungen eines Insiders einer Gesellschaft über ihre eigene Aktie halte ich gar nichts. Diese Leute kennen zwar ihre eigene Gesellschaft, aber die Entwicklung auf dem Kapitalmarkt hat damit nichts zu tun. Auch sind sie nur selten aufrichtig. Nach der Erfahrung müsste man fast immer das Gegenteil von dem machen, was ein Insider empfiehlt.

- Die Wirtschaftsexperten sind ebenfalls unfähig, Börsentendenzen zu analysieren. Börse und Wirtschaft gehen fast nie parallel. Im Gegenteil: Sehr oft ist ein Wirtschaftsboom für die Börse ungünstig und vice versa. Wenn die

Wirtschaft zu viel Kapital in Anspruch nimmt, bleibt nicht genügend Kapital für die Börsenpapiere.

- Der Meinung eines professionellen, aber ungeschulten Autodidakten messe ich viel Bedeutung bei, denn er kann große Erfahrungen erworben haben und oft intuitiv richtig auf Ereignisse reagieren, ohne zu wissen, warum.

- Von der Meinung eines alten erfahrenen, aber trotzdem erfolglosen Börsianers halte ich sehr viel. Der Erfolg ist kein Maßstab für die Intelligenz und Fachkenntnis eines Profis. Er kann die Börsentendenz und die Chancen gewisser Wertpapiere besonders gut beurteilen. Für sich jedoch konnte er davon nicht profitieren, weil er unentschlossen, ängstlich, nervös oder ungeduldig war und zu seiner eigenen Meinung kein Vertrauen sowie keine Ausdauer hatte oder weil er mit zu großen Krediten spekulierte.

- Der Einfluss der nationalen Politik auf die Börse ist groß. Zins-, Kredit- und Steuerpolitik hängen von der Regierung ab. Die politischen Strömungen (rechts und links) beeinflussen die Psychologie der Anleger und die Zukunft der Unternehmen.

- Auch die internationale Lage wirkt stark auf die Börse. Die Weltsituation (Spannung und Entspannung) beeinflusst die Psychologie des Publikums, internationale Entwicklungen beeinflussen ganze Branchen, nationale Zahlungsbilanzen, Handelsverträge und so weiter.

- Ein guter Börsianer sollte nur selten zur Börse oder in ein Brokerbüro gehen. Die Kursschwankungen in jeder

Einzelheit zu verfolgen kann den Börsenspekulanten in seiner objektiven Überlegung stören und ungünstig beeinflussen. Es genügt, wenn er die Börsenschwankungen nur grosso modo verfolgt.

- Computerprognosen gibt es nicht, ohne dass der Computer vorher gefüttert wird. Die Qualität der Prognose hängt also von dem menschlichen Gehirn ab, das den Computer lenkt. Vorstellungen und Fantasie kann ein Computer nicht haben. Wie die Amerikaner sagen: »Mist rein, Mist raus!«

- Die Erfahrung lehrt: Bei einer Börsenspekulation ist der spontane Entschluss oft der beste.

- Hat man das Gefühl, dass man mit seinem Börsenengagement im falschen Boot sitzt, muss man rausspringen. Aber man muss der Überzeugung sein, dass es ein falsches Boot ist, und das ist eine Mischung aus Überlegung und Intuition. Von der Empfehlung eines Maklers soll man sich nicht beeinflussen lassen. Hat man eine schlaflose Nacht wegen eines Börsenengagements, soll man es sofort lösen!

- Die nützlichste Freizeitbeschäftigung eines Börsianers ist Musik. Sie ist die größte existierende Entspannung, aber im Unterbewusstsein arbeitet das Gehirn weiter.
  Wenn man aber für Musik nichts übrig hat, sollte man eventuell fischen gehen oder lesen. Kartenspiel dagegen ist eine schädliche Ablenkung vom Überlegen und deshalb für den Börsianer keine günstige Betätigung.

- Eines muss jeder Börsianer ist seinen Kopf gravieren: Verlorenes Geld ist verloren. Neue Geschäfte können neue Gewinne bringen; aber sie haben nichts mit der Vergangenheit zu tun.

- Der Spekulant sollte der Meinung seiner Frau oder Freundin eine gewisse Bedeutung beimessen. Frauen haben eine besonders starke Intuition und auch Instinkt: Diese Qualitäten können die logischen Überlegungen des Mannes ergänzen.

- Es gibt keine immer erfolgreichen Spekulanten; nicht einmal die größten Glückspilze können immer am höchsten verkaufen und am niedrigsten kaufen; nur Lügner können dies.

- Für den Börsianer sind weder ständige Zuversicht noch ständige Angst empfehlenswert. Zu empfehlen sind mäßige Zuversicht und etwas Angst. Ich kann es nicht genügend wiederholen: Es ist besser, vorweg Angst zu haben, als im gegebenen und gefährlichen Moment zu erschrecken.

- Auf die Frage, ob ein Spekulant abergläubisch sein darf, ist schwierig zu antworten. Ist der Spekulant abergläubisch, so kann man daran sowieso nichts ändern. Manchmal ist der Aberglaube auch mit Instinkt verbunden. Und das ist nicht ungünstig.

- Das Spekulieren kann man ausschließlich auf dem Weg persönlicher Erfahrung lernen. Man muss viel mitmachen, oft hereinfallen, um alle Aspekte der Börsengeschehnisse zu verstehen.

- Der Spekulant muss informiert sein. Aber die Tagesschwankungen zu verfolgen, schadet der Überlegung. Man kann den kaltblütigsten Spekulanten dadurch nervös machen.

- Der Unterschied zwischen Anlage und Spekulation ist relativ. Ein sogenanntes hoch spekulatives Papier kann für einen reichen Anleger, der nur wenig darin investiert, als Anlage mit kalkuliertem Risiko gelten. Dagegen ist es eine halsbrecherische Spekulation, wenn sich ein kleiner Sparer hoch verschuldet, um mündelsichere Papiere zu kaufen.

- Der Unterschied zwischen Börsenspiel und Spekulation liegt in der Art der Überlegung. Der Spekulant kauft oder verkauft nach seinem eigenen Urteil. Er glaubt, dass aus diesem oder jenem Grund sein Papier steigt oder fällt. Der Spieler dagegen verkauft seine Papiere, weil er einen Gewinn kassieren will. Ob das Papier noch eine Chance hätte, weiter zu steigen, überlegt er nicht. Er sieht nur Gewinn und Verlust und handelt emotional.

- Man darf ein Papier niemals nur des Spieles wegen auf kurze Sicht kaufen, wenn man auf lange Sicht für dasselbe Papier eine sehr schlechte Meinung hat und eine große Gefahr sieht. In ein Auto, von dem man erwartet, dass es nach 50 Kilometern zu einem schweren Unfall kommt, darf man sich nicht einmal für eine Strecke von 10 Kilometern hineinsetzen.

- Gegen moralische Erwägungen kann ein Spekulant nichts machen; und wenn man sie hat, ist es auch kein Malheur. Im schlechtesten Falle versäumt man einen Börsenprofit; aber wenigstens hat man keine Gewissensbisse.

- Von seiner politischen Einstellung sollte sich ein Spekulant nicht beeinflussen lassen. Die Erfahrung sagt, dass viele Börsianer ganz große Erfolge versäumt haben, nur weil sie politisch zu stur und unbeweglich eingestellt waren. Zum Beispiel wollten die Schweizer nach dem Zweiten Weltkrieg aus politischen Erwägungen unter keinen Umständen deutsche Anleihen kaufen. Wie falsch diese Erwägungen waren, beweist die Tatsache, dass die gleichen Schweizer heute in großen Mengen deutsche Anleihen kaufen, die sie vor 25 Jahren zu einem Bruchteil der heutigen Kurse aus politischen Gründen verschmäht haben.

- Ein Börsianer muss nicht immer logisch und nüchtern sein. Er soll sich sogar manchmal von einer Welle von Dummheit mitreißen lassen. Die Logik der Börse ist, dass man oft unlogisch sein muss. Und das ist halt die große Kunst der Börsenanalyse.

- Ein Börsianer darf auch unter Alkoholeinfluss einen Entschluss fassen. Ein Alkoholrausch kann die Fantasie stimulieren, unnütze Hemmungen beseitigen, und das ist sehr oft besonders günstig.

- Für einen Börsenspekulanten ist die falsche Interpretation richtiger Informationen am gefährlichsten. Sie ist meist das Resultat falscher Überlegungen; und es ist die Überlegung, die entscheidet. Falsche Interpretation einer falschen Information kann dagegen zu einem großen Ergebnis führen, denn minus mal minus gibt ja auch plus.

- Es ist für einen Börsenspekulanten nicht besonders wichtig, ja kann sogar schlecht sein, über alle Einzelheiten wie

Dividenden, Gewinne, Bilanzziffern usw. genau informiert zu sein. Denn wenn man über die Einzelheiten zu viel weiß, sieht man vor lauter Bäumen den Wald nicht mehr. Man soll wenig wissen, aber alles verstehen.

- Es ist wichtig, vergangene Ereignisse zu analysieren. Wenn man schon die kommenden Ereignisse nicht voraussehen kann, soll man wenigstens die vergangenen richtig verstehen: Das bereichert die Erfahrung und erleichtert künftige Überlegungen.

- Ein Spekulant darf nie Kasse machen. Solange er an der Börse operiert, ist das gewonnene Geld nur geliehenes Geld. Und die Börse ist ein arger Wucherer. Oft muss man das geliehene Geld mit hohen Zinsen zurückzahlen. Ein Spekulant darf also niemals Kasse machen, nur die Erben haben dieses Privileg.

- Sprechen alle Symptome nach einem Börsenkrach für eine Wende, sollte man in solchen Aktienkategorien Papiere für Anlagezwecke kaufen, die sich behauptet haben oder die zusammengebrochen sind. Dass sich die stabilen Werte behaupten konnten, wird gute Gründe haben, die wir nicht kennen. Die völlig zusammengebrochenen Werte waren wahrscheinlich fast pleite. Diese kann man auch kaufen.

- Der echte Börsenspekulant freut sich am meisten, wenn er trotz allem Recht bekommt. Das ist die Belohnung für eine richtig aufgebaute intellektuelle Gymnastik.

- Die Börsenbewegungen sind immer logisch, nur muss man ihren Mechanismus genau begreifen.

- General Moltke sagte, für den Krieg seien die vier Gs am wichtigsten: Geld, Geduld, Gedanken und Glück. An der Börse sind alle diese Gs wichtig, aber zuallererst muss man Glück haben.

AM CAFÉHAUSTISCH ERZÄHLT (IV)

»Du bist ein Genie, mein Sohn!«

Die Preistreiber auf dem internationalen Geldmarkt, die Sowjetunion und die Republik Südafrika, brauchen oft selber Geld statt Gold. Und die, die das kostbare Gut gehortet haben, erfahren nun, dass Gold eine Ware ist wie jede andere.

Nun wird es immer Goldbesitzer geben, die zwar auf das gelbe Metall schwören, es jedoch bei einem bestimmten Preis verkaufen, um es gegen etwas Günstigeres einzutauschen. Das ist wie bei vielen Kunstfanatikern, die zwar in ihre Bilder verliebt sind, sich aber dennoch von ihnen trennen, sobald sie etwas Schöneres finden. Männer verkaufen zuweilen gar ihre Frauen, wenn man den Preis für sie bezahlt. Ich selbst habe das schon beobachtet. Und so geht es mit jedem Wert- oder Anlageobjekt.

Wer über viele Jahre hin Gold besessen hat, tut gut daran, Bilanz zu ziehen: Er hat nämlich mehr Zinsen verloren als Kursgewinne gemacht. Und allmählich müssten eigentlich die eifrigsten Goldhorter mit ihrer sterilen Anlage unzufrieden geworden sein.

Es gab zwar vor einigen Jahren eine Art Indianeralarm, aber, wie sich herausstellen sollte, nur für kurze Zeit. Die USA – und in ihrem Gefolge Westeuropa – erlebten eine Krise, nicht zuletzt durch den Ölboykott.

Für die Herren in Pretoria und in der Sowjetunion (siehe »Goldspekulant Sowjetunion«, S. 130) war es ein Kinderspiel, das Publikum in der ganzen Welt goldnärrisch zu machen. Alle Prämissen waren gegeben, denn der Goldmarkt ist ausschließlich psychologisch determiniert, ohne jede sachliche Überlegung. Er lebt von der Angst.

Der Goldpreis und die Kontroverse »Goldstandard versus flexible Wechselkurse« waren schon lange Gegenstand einer Kraftprobe, vor allem zwischen den USA und Südafrika. Wer auf den Sieg Pretorias setzte, hat verloren. Denn die USA haben die Krise überwunden und sind heute wieder »ein' feste Burg« der freien Welt. Der Dollar ist nicht mehr das wertlose Papier, mit dem die Franzosen die Wände der Banque de France tapezieren wollten. Die Stunde der Wahrheit ist gekommen.

Das Jammern der Goldfanatiker heute (in gewissen Veröffentlichungen, Börsenbriefen, Experteninterviews) klingt lächerlich: Sie nennen die Verantwortlichen der Federal Reserve und des Schatzamtes Verbrecher, weil sie angeblich den Goldpreis heruntermanipulieren. Erstens wäre dies kein Verbrechen, zweitens ist es purer Unsinn, drittens ist der größte Manipulator schon immer Südafrika gewesen.

Die Juden haben für alles einen treffenden Witz. Und so haben sie auch einen netten Witz, der gut zu den geprellten

Gesichtern derer passt, die ununterbrochen auf das Ansteigen des Goldpreises gesetzt haben: Grün junior zieht in die Stadt, um ein Vermögen zu machen. Nach einiger Zeit ruft er seinen Vater an:

»Ich mache große Geschäfte, Papa, ich habe Ziegenhäute zu 100 gekauft, und heute stehen sie schon bei 130.«

»Bravo, mein Sohn.«

Eine Woche später: »Ziegenhäute stehen 150, Papa.«

»Du bist ein Genie, mein Sohn!«

Nach einem weiteren Monat: »Ziegenhäute 200.«

»Wunderbar«, freut sich der Alte, »und jetzt schnell verkaufen und Gewinn mitnehmen.«

»Ich möchte schon«, sagt der Sohn, »aber wem? Ich war der große Käufer.« Dabei denke ich an Südafrika, das über Jahre hinweg selbst der größte Goldkäufer war, um den Preis zu stabilisieren.

»Der Matthias hat sich nicht bewährt als Herr«

Es ist eine alte Tatsache, dass in Familien, in denen die Spekulation aus Tradition auf der Tagesordnung steht, jene Mitglieder, die an der Börse reüssieren, Genies genannt werden, die anderen, die kein Glück haben, dagegen Dummköpfe – obwohl ich mich noch erinnere, dass man in Ungarn und auch in Frankreich immer den dümmsten Sohn, der zum Studium nicht geeignet schien, an die Börse schickte, während die anderen die Hochschule besuchten mussten. Die meisten Chefs von Bankhäusern hatten übrigens als Laufburschen angefangen, dann durch Praxis das Metier gelernt und Karriere gemacht. War ihnen dies gelungen, wurden sie zu Genies promoviert.

Im alten Budapest gab es nun eine respektable, wohlhabende Familie namens Politzer, die an der Budapester Effekten- und Warenbörse eine große Rolle spielte. Einer der Söhne, Matthias genannt, war ein durchaus geschickter Spekulant und trennte sich von seiner Familie, um auf eigene Rechnung zu spekulieren.

Eines Tages verspekulierte er sich jedoch, verlor dabei sein ganzes Vermögen und stand vor dem Nichts. Daraufhin setzte sich der Familienrat zusammen, überprüfte die Spekulationen des Matthias und fällte ein strenges Urteil: »Der Matthias hat sich nicht bewährt als Herr, er muss werden jetzt ein Subjekt.« »Herr« sein bedeutete, Spekulant auf eigene Rechnung zu sein, »Subjekt«, nur noch ein kleines Rad im Getriebe der familieneigenen Firma.

Matthias war jedoch ein homo ludens, der Teufel des Spekulierens ließ ihn nicht los. Und so studierte er weiterhin die Kursblätter von Chicago über Liverpool bis Budapest. Auf diese Weise fand er eines Tages eine Kursspanne zwischen Hafer und Roggen als zurzeit unberechtigt und eine entsprechende Spekulation attraktiv. Mit ganz kleinen Summen stieg er ein. Die Kurse entwickelten sich wie gewünscht, er machte erste Gewinne und zum Schluss hatte er sich erneut ein kleines Vermögen geschaffen. Nachdem er Bilanz gezogen hatte, verließ er den kleinen Posten in der Familienfirma und sagte, er wolle jetzt wieder auf eigene Rechnung spekulieren. Erneut setzte sich der Familienrat zusammen und fällte nach langen Debatten ein neues Urteil: »Der Matthias hat sich bewährt als Subjekt, der Matthias kann werden wieder ein Herr.«

Gott weiß, wie oft ich an diese Geschichte denke, wenn ich vom Aufstieg und Untergang verschiedener Portfoliomanager höre. Das Schicksal eines jeden Finanziers ähnelt dem meines Freundes Matthias. Und eigentlich gilt die Weisheit dieser Geschichte für das ganze Leben und für alle Berufe…

Der verliebte Wirtschaftsredakteur

Und weil die vorangegangene Geschichte so viel von dem liebenswerten Flair dieser vergangenen Epoche widerspiegelt, möchte ich hier noch eine Anekdote aus dem Ungarn jener Zeit erzählen, die mir der Betroffene, ein alter Freund, selbst anvertraut hat:

Béla Fiala-Döri, der angesehene Wirtschaftsredakteur der größten Budapester Zeitung, verliebte sich Hals über Kopf in eine kleine Kokotte. Ihren schlechten Ruf verbesserte auch nicht die Tatsache, dass sie in einer etwas komplizierten Weise mit der königlichen Familie von England verwandt war.

Bélas Leidenschaft ging so weit, dass er für diese Liebe seine Frau mit fünf Kindern verlassen wollte. Einer seiner hoch angesehenen Freunde aus Politik und Wirtschaft stellte ihn darauf energisch zur Rede: »Bist du inzwischen verrückt geworden, Frau und Familie für eine ›Dame‹ zu verlassen, die doch mit Hinz und Kunz ins Bett geht?«

»Vielleicht«, erwiderte Fiala-Döri, »aber für Geld nur mit mir!«

AUS DEM NOTIZBUCH (IV)

Ich verachte zwar die Parasiten der Börse, die Spieler, die jeden Tag kaufen und verkaufen, aber ich gebe zu, dass ohne sie die Börse keine Börse wäre und dass ohne die Börse das kapitalistische System nicht existieren könnte. Bestes Beispiel: Sogar die sozialistisch-kommunistische Regierung Frankreichs tut alles, um die Börse in einer optimistischen Stimmung zu halten.

Die Aktiengesellschaft ist die Grundlage der freien Marktwirtschaft und die Spekulation – die Hoffnung also auf Kapitalgewinn – ihr Motor. Würden die Abenteurer, das heißt die Aktionäre der AG (!), verschwinden, bedeutete dies das Ende der freien Marktwirtschaft.

Die ungeduldigen jungen Börsianer, die mich oft nach exotischen Börsen fragen, erinnern mich an meinen Großvater, mit dem ich als Kind oft spazieren ging. Wenn ich ihm zu schnell war, rief er mich zurück: »Lauf nicht, nur der Schnorrer läuft!« Dasselbe sage ich den jungen Börsianern: »Lauft nicht, weder nach Sydney noch nach Singapur und schon gar nicht nach Hongkong, keine dieser Börsen ist ein Schlaraffenland!«

Der Drang nach Profit ist der Motor unserer privatwirtschaftlichen Systeme und Geld ist des Motors Brennstoff. Dass der Motor reibungslos weiterläuft, dafür sorgen das Vergnügen, die Lust am Geldverdienen; denn wie sagte man in früheren Zeiten in Ungarn selbstironisch: »Wer Geld hat, frisst Schnepfendreck[3], wer keins hat, lässt die Schnepfen weg!«

Der ehrliche Schuldner ist einer, der seine Erben enttäuscht, nie jedoch seine Gläubiger.

Es gibt bestimmt Menschen, die froh darüber sind, nicht ihre eigenen Gläubiger zu sein.

Der Optimist ist ein Fürst, auch mit zwei Groschen in der Tasche. Der Pessimist ist ein Nebbich, auch mit einem vollen Tresorschrank.

3 Die fein gehackten, auf Toast gestrichenen Innereien der Schnepfe, von Gourmets als Leckerbissen geschätzt.

Ich saß einmal mit zwei Maklern an unserem Caféhaustisch. Einer davon beklagte sich, er habe den ganzen Tag keine Geschäfte abgeschlossen. Der andere prahlte mit seinen großen Provisionen. »Das beruht aber mehr auf Glück als Verstand«, meinte der erste. »Gott gebe mir immer mehr Glück und weniger Verstand«, konterte darauf der erfolgreiche.

Molière schrieb einmal: »Ein Dummkopf, der zu viel weiß, ist zweimal so dumm wie ein Unwissender.« Auch für die Börse ist diese Wahrheit von großer Bedeutung.

Es gibt keine absolut gebildeten Menschen, sondern nur Halbgebildete. Und alles hängt davon ab, was ein Mensch aus dieser halben Beziehung zu machen versteht.

An der Börse: Nicht der neue Besen kehrt gut, sondern der alte.

Oft kann man durch Zufall die glücklichsten Dummheiten begehen.

VIVE LA DIFFÉRENCE!

An der Börse können Jahre vergehen und man hört nicht ein einziges wahres Wort.

Wenn in einem Land Devisenverordnungen eingeführt werden, gibt es immer Schlupflöcher, die geschickten Manipulateuren große Profite ermöglichen. Das erinnert mich an einen bekannten Schieber aus Budapest, der einmal in Zürich ankam. Er ging sofort ins Café und seine erste Frage war:

»Sagt, liebe Kollegen, was ist hier verboten?« (Es gab auf den Finanzmärkten immer solche Spekulanten, die sich nie für andere als für verbotene Geschäfte interessierten.)

Es ist aber auch eine Tatsache, dass man in den internationalen Arbitragegeschäften nur dann wirklichen Profit machen kann, wenn in der Kette irgendein Glied nicht legal ist. Befindet sich nämlich kein illegales Glied in der Kette, wird das ganze Geschäft von den Großbanken so beherrscht, dass die Marge zwischen zwei Ländern auf den Bruchteil eines Prozents reduziert ist.

Kleines Eurodollar-Kolleg

Man schrieb in den vergangenen 20 Jahren außerordentlich viel über den Eurodollar. Und doch zweifle ich, dass außer ganz beschlagenen Experten jemand im Publikum weiß, worum es sich dabei handelt.

Der Eurodollar existiert nämlich als Währung überhaupt nicht. Mit Eurodollar bezeichnet man eine Schuld, das heißt eine Forderung, die zwischen Nichtamerikanern in Dollar besteht. Dabei ist der nichtamerikanische Gläubiger nicht steuerpflichtig für die von ihm kassierten Zinsen. Das ist das System des Eurodollar. Es gibt also Eurodollar-Anleihen, eventuelle Kredite, aber kein Bargeld auf die Hand.

Wieso sprach man also von 1000 Milliarden Eurodollar, die in der Welt »herumspazierten«? Ganz einfach, man zitierte diesen Betrag, um eine Dollar-Panik zu schüren, mit der Behauptung, dass diese Dollar, wenn sie angeboten würden, von niemandem abgenommen werden würden.

Wie kamen diese Eurodollar überhaupt zustande? Nehmen wir an, dass eine englische Bank in den Vereinigten Staaten eine Million Dollar Kredit aufnimmt. Diesen Betrag leiht sie wiederum einer französischen Großbank zur Finanzierung von Waren für Japan. Aus der ersten Million sind jetzt schon drei Millionen geworden. Japan liefert diese Ware aber an China (wofür China übrigens die Bezahlung schuldig bleibt!) und China liefert jetzt weiter an Thailand (wofür Thailand wiederum die Bezahlung schuldig bleibt!). Jetzt sind aus der einen Million schon fünf Millionen geworden.

Dies erinnert mich an die Antwort, die ich einmal einem französischen Freund auf die Frage gegeben habe, wieso die Budapester so gut leben, wo die Stadt doch gar nicht reich ist und die Leute sich beklagen, dass es ihnen nicht gut gehe. »Ganz einfach«, war meine Antwort. »In ganz Budapest gibt es 1000 Forint, aber diese 1000 sind jeden Tag in der Tasche eines anderen durch Konsum, Pumpen, Geschenke«, sogar Diebstahl usw., »aber es handelt sich immer um dieselben 1000 Forint.«

Ich schrieb einige Male in meinen Kolumnen, dass die Entwicklung des Dollar-Kurses davon abhänge, wer zuerst in Angst gerate, die Dollar-Gläubiger oder die Dollar-Schuldner. Heute wissen wir zum Beispiel, dass es die Schuldner waren, die in Panik gerieten. Nach der Wahl Reagans stürzten sich alle auf den Dollar, um ihre Schulden zurückzuzahlen, aus Angst, er würde steigen, was auch logisch war, denn unter dem schwachen Carter war er schwach gewesen. Und unter dem starken Reagan ist der Dollar wieder stark geworden.

Hier Kovacs – dort Szabo

Merkwürdig ist, dass dieselben Berufsschwarzmaler, die vor einiger Zeit die Dollar-Panik schürten – sub titulo »Dollar-Schwemme«, ergo wertlos –, heute Feuer schreien, weil viele Schuldner diese wertlosen, »zu Papierfetzen degradierten Dollar« nicht zurückzahlen können. Sie befürchten den totalen Zusammenbruch des internationalen Finanzsystems. Doch wie ich schon ausführlich am Anfang dieses Buches geschrieben habe, werden diese Schwarzmaler auf die Nase fallen, weil dieser Zusammenbruch nicht kommen wird. Staatsbankrotte, Zinskatastrophen … alles leeres Gerede!

Ich gebe zwar zu, dass einige Staaten sehr verschuldet sind, und falls man eine strenge Bilanz machen müsste, würden die

Revisoren den Kopf schütteln und die Bilanz vielleicht nicht unterschreiben. Aber wer verpflichtet uns schon dazu, uns den Revisoren zu unterwerfen? Sind die Revisoren vielleicht Finanzjournalisten oder sogenannte Wirtschaftsexperten? Bei einer seriösen Bilanz muss man auch die hinter den Schulden stehenden Vermögen und Reserven des Westens bewerten. Und diese sind unvorstellbar groß und bedeutend, mit all der Infrastruktur, den Rohstofflagern, Laboratorien, der Spitzentechnologie und der industriellen Kapazität des Westens. Oder ist das alles nichts? Über die Bilanzen des gesamten Ostblocks könnte man natürlich auch maliziöse Bemerkungen machen und hier würde Erstaunliches zutage kommen.

Vergleicht man die Situation des Westens mit der des Ostblocks und nimmt an, dass nicht nur der Osten, sondern auch der Westen sozusagen pleite ist (nach der Meinung der Betriebswirte und ähnlicher Fachleute!), muss ich unwillkürlich an die Geschichte von zwei Schulkollegen denken, um den Unterschied plastisch zu illustrieren:

Der junge Kovacs war der Sohn eines reichen Unternehmers, er bekam eine gute Schulbildung und trat dann in das väterliche Unternehmen ein. Er erweiterte dieses ununterbrochen und baute allmählich ein großes Konglomerat auf. Eines Tages aber ging sein Unternehmen in Konkurs. Als ich das erfuhr, hatte ich Mitleid mit ihm. Doch einige Monate später kam mir zu Ohren, dass er, Pleite hin, Pleite her, trotz oder vielleicht dank der Pleite noch immer in seiner herrlichen Villa in Cannes wohnte und im Rolls Royce herumfuhr.

Mein anderer Freund war Szabo, der Sohn eines bescheidenen Schullehrers, der dem Jungen eine strenge Erziehung gab, damit er später ein tüchtiger und biederer Kaufmann werde. Szabo gründete mit den Sparpfennigen seines Vaters eine Firma. Und weil er tüchtig war und Tag und Nacht arbeitete, wurde sie bald ein großes Unternehmen. Doch da geschah es, dass auch er aus irgendeinem Grund Konkurs anmelden musste. Aber er war so pleite, dass er seine Freunde anpumpen musste und aus der Pleite nie wieder herauskam.

Nun: Der Westen ist pleite à la Kovacs, der Osten ist pleite à la Szabo. Es gibt also solche Pleiten und solche Pleiten. Hier kann ich nur mit den Franzosen sagen: »Vive la différence!«

Gott sei Dank … für Mexiko?

Nun will ich noch ein paar Worte zu jenen hoch verschuldeten Ländern sagen, die in der letzten Zeit im Mittelpunkt der Nachrichten standen. Im Herbst 1982 sprach man häufig über die Pleite Mexikos, die viele wieder einmal als Staatsbankrott definierten. Ich frage dagegen: Wie lautet die Definition von Staatsbankrott? Man könnte sagen, wenn ein Land seine Schulden in ausländischen Währungen nicht mehr zurückzahlen kann. Doch dies würde ich wiederum nicht als Bankrott bezeichnen, sondern als Illiquidität in Devisen.

Mexiko ist ein ganz atypischer Fall, denn hinter seinen Schulden stehen immense Reichtümer. Geologen behaupten sogar, dass Mexikos Ölreserven größer sind als die Saudi-Arabiens. Doch Mexiko erklärte vor drei Jahren in der Zeit der Öleuphorie und der Dollar-Panik mit der größten Chuzpe, dass es zwar über immense Ölreserven verfüge, diese jedoch nicht verkaufen wolle. Es spekulierte »sur deux taleaux«. Es war zwar kein OPEC-Mitglied, doch spekulierte es auf eine erneute Ölpreiserhöhung. Auf der anderen Seite spekulierte es auf den Fall des Dollar, wozu es von internationalen Experten noch animiert wurde.

Es verlor nun auf beiden Seiten. Die Dollar-Schulden sind nach wie vor vorhanden – allerdings zu einem gestiegenen Dollar-Kurs. Diese Schulden werden zwar prolongiert, aber das reicht nicht aus, denn Mexiko ist damit nicht gedient. Es braucht auf jeden Fall weitere Dollar-Kredite oder, noch besser, andere Einnahmen. Jetzt wird es also – obwohl es dies ja eigentlich nicht wollte – immer mehr Öl fördern müssen, um seine Deviseneinnahmen abzusichern.

Das ist natürlich die größte Ohrfeige ins Gesicht der OPEC. Aber für den Westen ist diese Entwicklung günstig und ganz besonders für die USA, die jetzt höchstwahrscheinlich ihre Ölimporte aus Mexiko erhöhen werden, damit das Land seine Schulden langsam amortisieren kann.

Als die Nachricht über Mexikos Pleite erstmals verbreitet wurde, war meine Antwort wieder einmal ein dummer Witz: Als ein pessimistischer Junggeselle sich bei einem anderen beklagte, er werde nie heiraten, denn alle Frauen seien auch so zu haben, rief darauf der Optimist: »Gott sei Dank!« Gott sei Dank ist Mexiko in Dollar-Schwierigkeiten, so wird sich die Ölsituation immer mehr entspannen – und das ist heute wichtiger als alles andere.

Außerdem kann man nicht behaupten, dass Mexiko total pleite ist. Man kann das Vermögen von jemandem nicht danach bemessen, wie viel Bargeld er in der Tasche hat. Ich kannte alte ungarische Magnaten, die Tausende Morgen Land besaßen, aber keine 1000 Kronen in der Tasche hatten (geschweige denn 100 000 Francs, wenn sie in Monte Carlo verloren hatten!). Dagegen kannte ich Roulettespieler, die auf dem Tisch vor sich einen Haufen Jetons hatten, manchmal ihr ganzes Vermögen, zuweilen zogen sie sogar gepumptes Geld. Meine Quintessenz: Bargeld und Vermögen sind nicht immer identisch!

Dieses war der erste Streich …

Ich möchte noch ein paar Anmerkungen zu der weit propagierten These einer kommenden Zinskatastrophe hinzufügen. Es wird behauptet, je höher der Zins, desto schlechter sei die Währung. Die Wahrheit ist ganz anders: Je schlechter die Währung, umso höher die Zinsen,

1. weil die Sparer für die schlechte Währung eine höhere Belohnung verlangen und

2. weil die Notenbank die Geldmasse stark reduzieren will.

Ich gebe zu, dass die Krise der vergangenen Jahre die Folge der künstlich hochgehaltenen Zinsen war. Unter allen Inflationsgefahren – steigende Energiepreise, höhere Löhne, eskalierende Staatsausgaben, Milliardengeschenke an faule Regierungen – ist die Inflationshysterie die gefährlichste. Gegen sie haben die Notenbanken nur eine Waffe: hohe Zinsen. Das ist wie bei einem Alkoholiker, bei dem der Mangel an Geld die einzige Bremse dagegen ist, dass er sich zu Tode trinkt. Mithilfe der teuren Kredite ist es den Amerikanern gelungen, die Inflationserwartungen abzuwürgen und dadurch weitere Kreditaufnahmen zu verhindern. Nachdem dies erreicht war, folgte die Federal Reserve dem Motto »Der Zins hat seine Schuldigkeit getan, der Zins kann sinken«.

Ein leichtes Unterfangen war das nicht, denn unter der Asche ist noch immer die Inflationsglut am Glimmen. Und viele Gruppen – Geschäftemacher, Manipulanten, schlechte

Schuldner und ähnliche Typen – haben ein großes Interesse daran, das Feuer der Inflation zu schüren.

Man hört und liest immer wieder Prophezeiungen hinsichtlich einer kommenden galoppierenden Inflation. Es klingt ein wenig wie der Seufzer eines Eisenbahnpassagiers: Während der Fahrt seufzt er ununterbrochen »Ach, hab' ich an Durscht, ach, hab' ich an Durscht«. Bei der nächsten Station bringt einer der Mitreisenden eine Flasche Bier und überreicht sie dem Durstigen, der mit großem Dank die Flasche leert. Der Zug fährt weiter und der Passagier fängt wieder an: »Ach, hab' ich an Durscht gehabt, ach, hab' ich an Durscht gehabt!« – »Jetzt reicht's aber!«, ruft der andere zornig. »Sie haben ja Ihren Durscht gelöscht!« – »Na ja«, jammert der erste weiter, »aber welch an Durscht werd ich noch ham!«

Das ist genau die Einstellung vieler Experten und eines Teils des Publikums gegenüber der Inflation in Amerika und natürlich überall, besonders in Europa. Die Geldentwertung in Amerika ist zwar von 14 auf 4 Prozent zurückgegangen, »aber sie wird wieder kommen«, meinen viele.

Natürlich kann sie wieder kommen, besonders wenn diejenigen, die es predigen, zum Schluss stärker sind als die Regierung, die diese Entwicklung bekämpft. Als die Europäer bei einem Treffen Reagan unter Druck setzten, er solle die Zinsen senken, war seine Antwort die gleiche wie die von Mozart, als er Kaiser Joseph II. Melodien aus Figaro vorspielte. Nach aufmerksamem Zuhören sagte der Kaiser: »Lieber Herr Mozart, Ihre Melodien sind schön, aber enthalten sie nicht etwas zu viele Noten?« – »Nicht eine Note mehr als unbedingt nötig, Majestät«, war die Antwort Mozarts. – Mein Kommentar: Auch die Federal Reserve setzt den Zinssatz nicht um 1 Prozent höher als unbedingt nötig!

Nach dem Erfolg in der Inflationsbekämpfung kommt also undiskutierbar der Erfolg bei der Ankurbelung der Wirtschaft. Man möchte Wilhelm Busch zitieren: »Dieses war der erste Streich, doch der zweite folgt sogleich.«

VON SANTA MARIA BIS ZUR SOWJETUNION

Goldspekulant Sowjetunion

In der Geschichte der Finanzspekulation gab es viele Giganten und mächtige Syndikate, die den Preis von Waren mal rauf und mal runter trieben, zum Beispiel den chilenischen Zuckerspekulanten Santa Maria, der vor dem Ersten Weltkrieg in Paris die Zuckerpreise manipulierte, Arthur Cutton und die Familie Armour in den 20er-Jahren mit dem Weizenpreis in Chicago oder die Brüder Hunt (siehe Seite 82), deren geplatzter Silber-Corner für viele kleine Spieler und große Banken Riesenverluste brachte. Sie alle aber sind kleine Fische, verglichen mit dem größten Warenspekulanten aller Zeiten: der Sowjetunion.

Die UdSSR spekuliert mit Milliarden in Gold, genauso wie der kleinste Spieler, der bei seinem Broker einen Goldkontrakt auf Termin kauft, 10 Prozent in das Spiel setzt, 90 Prozent schuldig bleibt und dafür 16 bis 20 Prozent Zinsen zahlt. Die Sowjets machten auch viele Millionen Dollar Schulden bei astronomisch hohen Zinsen, um ihr Gold nicht verkaufen zu müssen, wenn sie die Getreideimporte zahlen mussten, weil sie auf steigende Kurse spekulierten.

Die Goldspekulanten und -manipulanten warten ungeduldig auf jede schlechte Nachricht, weil sie dann aufgrund der entstehenden Panik, die sie noch anheizen, ihre Vorräte zu steigenden Preisen loswerden können. Ein solches Verhalten ähnelt dem eines Serumproduzenten, der eine Krankheit verbreitet, um mehr von seinem Produkt abzusetzen. Das ist keine freie Marktwirtschaft mehr, das ist Dschungel. Und in diesem Dschungel tummeln sich die Russen ganz unverfroren.

Aber Wunschträume von Spekulanten enden oft anders als gedacht. Monatelang warteten die Goldfritzen, dass in Polen etwas passieren möge. Die Polen-Krise kam schließlich, aber anstatt zu steigen, rutschte der Goldkurs in die Tiefe. Wie konnte das geschehen? Das ist ja gegen jede Logik, meinten viele. Vielleicht gegen die Logik des Normalverbrauchers, aber nicht gegen die Börsenlogik. Die Reaktion des Westens auf die Finanzkrise entstand natürlich aus der berechtigten Angst, in Polen mit Milliardenkrediten hängen zu bleiben.

Schatten über der Kreditfähigkeit des Ostens

Die Folgen müssen auf die Kreditfähigkeit des ganzen Ostblocks einen schweren Schatten werfen: kleinere Kredite, weniger Prolongationen und noch höhere Zinsen. Die Sowjetunion war also gezwungen, Gold zu verkaufen, um für Polen zumindest die fälligen Zinsen zu bezahlen und eine Kettenreaktion von Pleiten zu vermeiden. Da der Kurs des Edelmetalls aber niedrig lag, mussten die Sowjets zweimal so viel verkaufen wie drei Jahre zuvor.

Goldroulette in den USA

Wo die Sowjetunion mitmischt, dürfen die USA nicht fehlen. Sie sind jeweils dabei, wenn auch auf eine ganz andere Weise.

Während meiner letzten, gut organisierten »Kreuzfahrt durch die US-Wertpapier- und Warenbörsen« sah und hörte ich viel, klüger aber wurde ich nicht. Dagegen musste ich wiederholt feststellen, wie haarsträubend beschränkt die meisten sogenannten Fachleute an der Börse sind. Jeder Mitarbeiter ist nur ein ganz kleines Rädchen in dem Riesengetriebe und weiß oft nicht einmal, welche Funktion das Rädchen nebenan hat. Die wirklich klugen Drahtzieher und hellen Köpfe hingegen arbeiten auf den höchsten Etagen für sich selber oder in Washington für die Regierung und sind für Normalverbraucher unerreichbar.

Der schwarze Pförtner an der N.Y. Commodity Exchange

Ein kluges Wort konnte ich nur von dem schwarzen Pförtner an der N.Y. Commodity Exchange hören. Er zeigte mit dem Finger auf eine Gruppe in dem riesigen Saal, wo ein unbeschreibliches Chaos herrschte – die Goldecke: »Der ganze Saal passt auf, was dort geschieht. Wenn Gold um einige Punkte zurückgeht, gehen die Preise auf den anderen Märkten auch zurück; wenn Gold steigt, stürzen sich die Spieler auf alle anderen Waren wie Kupfer, Zucker, Heizöl und so weiter.« Ein vernünftiger Mann, dachte ich: »Er sagt dasselbe, was ich seit Jahren predige.« Nicht die Inflation treibt den Goldpreis, sondern das Goldfieber heizt die Inflation an.

Unbeschreiblicher Goldtumult

In diesem Goldtumult handeln mehrere Hundert Profispieler und Makler für eigene Rechnung und für Hunderttausende von Kunden aus Hongkong, aus dem Nahen Osten und aus ganz Amerika. An einem Tag werden auf den Weltmärkten für drei bis fünf Milliarden Dollar Gold umgesetzt, eine halbe Jahresproduktion. Das Spiel mit dem Gold ist unberechenbarer als eine Pokerpartie, es ist Roulette, bei dem man, wie am grünen Tisch, auf Schwarz oder Rot setzt, ohne jedes Argument oder jegliche Motivation ein reines Glücksspiel. Es gibt keinen Menschen oder Computer, der wirklich kompetent wäre. Einzige Richtlinie ist die technische Verfassung des Marktes, das heißt, ob die nervösen Spieler mit kleinem Einsatz die Kauf- oder Verkaufskontrakte besitzen oder abgeklärte Profis, die das Ganze ruhig überblicken.

Nicht einmal manipulieren kann man die Kurse – höchstens für einige Minuten. Die Zeiten sind vorbei, als der Goldpreis in den Privatbüros der Bank Rothschild in London festgesetzt und dann in der ganzen Welt verkündet wurde. Heute manipulieren die Spieler sich selber in Kauf oder Verkauf und nur so kann man sich die hektischen Kursschwankungen erklären. Ende der 70er-Jahre, nach der Eröffnung der US-Goldbörsen, lockten Tausende von Maklern das Publikum in die Goldterminspekulation. Sie überzeugten mit ihren Panikargumenten Ärzte, Architekten, Witwen und so weiter davon, dass Gold nur steigen könne und müsse: Inflation ohne Ende, Weltuntergang, zu wenig Gold, wenn jeder es haben will, und so weiter, das war die ideale Provisionsmaschine. Mit der Panikmache und der Hilfe gewisser Geldinstitute und der Sowjets konnte man den Goldpreis bis auf 850 Dollar in die Höhe treiben.

Hysterische Baisse-Engagements

Was danach geschah, ist heute leicht zu bilanzieren, auch wenn darüber keine Statistik veröffentlicht wird. Nach den Milliardenverlusten trocknete das Geschäft bei den Maklern aus. Sie mussten neue Tipps mit Argumenten finden, um Gold diesmal leerzuverkaufen: Deflation, hohe Zinsen, die Russen müssten verkaufen und so weiter. Ob kaufen oder verkaufen, es gibt immer Provision (siehe meinen Freund Moritz Kobrach!). Das sieht dann etwa so aus: Der Broker rät seinem Kunden dringend zum Goldkauf. Sagt aber der Kunde: »Ich dachte, man müsste Gold verkaufen«, dann ist des Brokers Antwort: »Ach so, verkaufen? Ist auch nicht schlecht.« So wurde diesmal die Kundschaft in Baisse-Engagements hineingetrieben.

Auf die Nachricht aber, dass die Zinsen fallen könnten, fingen die Spieler an, ihre Baisse-Engagements hysterisch einzudecken. Die Kurse sausten in die Höhe, verursachten große Verluste, die Deckungen der Spieler waren verloren, es kam zu Zwangsexekutionen, die Kettenreaktion war da.

Der Rat des weisen Rabbi

Nachdem Gold auf 500 geklettert war, kamen die unsinnigsten Nachrichten: Mexikos und Brasiliens Pleite, Bankenzusammenbrüche und ähnliche »Katastrophenmeldungen«, die alle mit Gold nichts zu tun hatten. Die alte Geschichte: Nicht die Nachrichten machen die Kurse, sondern die Kurse die Nachrichten. Und so verloren die meisten Goldspieler, die mit der hysterischen Masse gingen, wieder einmal ihre Hosen. Geschieht es immer so? Ja! Rauf und runter, die Spieler verlieren jedenfalls ihr Geld.

Dazu kann ich nur dasselbe sagen wie der weise Rabbi in Budapest, den Freund Grün um Rat bat, ob er seiner Tochter zur Hochzeitsnacht ein Nachthemd oder einen Pyjama schenken solle. »Ganz egal«, war das Urteil, »Nachthemd oder Pyjama, vernascht wird sie sowieso.«

AM CAFÉHAUSTISCH ERZÄHLT (V)

Ein ganz ausserordentliches Duell

Da ich schon bei den Budapester Juden bin, möchte ich folgende kleine Geschichte erzählen, die den ganzen Charme des alten Budapest vortrefflich illustriert:

Die Juden waren die besten Fechter Ungarns und mehrfach olympische Goldmedaillengewinner, da sie mit dem Fechtsport aufgewachsen waren. Sie hatten nämlich unzählige Duelle wegen antisemitischer Bemerkungen.

Ein besonders farbiges Duell, von dem man noch jahrelang sprach, fand unter kuriosen Umständen statt: Es war das Duell zwischen dem sehr reichen jüdischen Bankier und Parlamentsmitglied Moritz Wahrmann und Otto Hermann, einem bekannten Naturforscher und notorischen Antisemiten. Da Wahrmann sehr kurzsichtig war, einigte man sich auf ein Pistolenduell. Hermann sah zwar gut, war jedoch fast taub. Als sie sich auf dem Feld gegenüberstanden und das Signal »los« gegeben wurde, vergingen einige Sekunden und man hörte Hermann fragen:

»Hat der schiele Jid' schon geschossen?« Wahrmann wiederum fragte: »Wo steht der Goj?«

Sekundenlang war Stille. Dann schossen beide in die Luft, versöhnten sich miteinander und wurden später die besten Freunde.

Ihre Geschichte aber ging in Budapest von Mund zu Mund weiter.

Eine schöne Maid ist eine halbe Mitgift

Wenn man sich als Finanzpublizist einen Namen gemacht hat, läuft man auch Gefahr, Hunderte von Leserbriefen mit unzähligen Fragen zu bekommen: ob man diese oder jene Aktien kaufen oder verkaufen, ob man auf sein Haus eine Hypothek aufnehmen, ob man Sparbuch oder Staatsanleihen halten und in welche Schule man seinen Sohn schicken sollte, um ihn in die Finanzwelt einzuführen. Manche Leser wollen sogar wissen, wie viel Mitgift sie ihrer Tochter geben sollen und welchen Beruf der Schwiegersohn haben sollte.

Eines Tages rief mich in Paris ein mir unbekannter Herr aus Bremen an, der um einen Termin bat. Ihm sei es völlig egal, wo und wann. Wir einigten uns auf Stuttgart, wo er mich zum Frühstück einlud (ich betone, zum Frühstück, nicht zum Mittagessen). Zwei Stunden lang fragte er mich aus: über Börsen, Zinsen, Anlagen, Gold, Schule für seinen

Sohn usw. Während unseres Gespräches stellte sich heraus, dass er offensichtlich sehr reich war, alten Grundbesitz hatte, seine Hauptbeschäftigung aber der Betrieb einer florierenden Schnaps- und Weinbrennerei war.

Nach dieser zweistündigen »Konferenz« verabschiedeten wir uns und er fuhr nach Bremen zurück. Einige Zeit später rief er mich wieder an und wir trafen uns erneut zu einem längeren Gespräch. Er brachte mir als Anerkennung für meine Ratschläge eine ganze Flasche (!) Branntwein aus seiner Produktion mit. Als wir uns das dritte Mal trafen, rückte er schließlich mit seinem Hauptproblem heraus:

Von seinem Riesengrundstück, das seit Generationen in Familienbesitz war und das er auf 40 bis 50 Millionen DM schätze, wollte die Gemeinde für etwa 9 Millionen DM ein kleines Eck kaufen, das sie für ein Projekt benötigte. Er müsse aber bis zu dem und dem Datum eine Antwort geben, da die Gemeinde sich sonst anders arrangieren werde. Was er nun tun solle?

»Verkaufen!«, war meine Antwort.

»Erstens zahlt die Gemeinde weitaus mehr, als der Boden wert ist, weil sie das Stück braucht. Zweitens liegt der Immobilienmarkt schwach (es war 1981) und die Tendenz ist eher schlecht. Drittens bleibt Ihnen noch genügend Familienbesitz, auch wenn Sie ein kleines Stück abtreten.«

»Ja, ja«, seufzte er melancholisch, »aber es ist, als schneide man mir ein Stück Fleisch aus meinem Körper heraus.« (Er dachte vielleicht an Shakespeares »Kaufmann von Venedig«.) Da wurde ich etwas aggressiv und fragte ihn klipp und klar: »Sind Sie nun ein Geschäftsmann oder ein Poet?« Und mir fiel dazu plötzlich eine Geschichte ein, die ich ihm sofort erzählte:

Poet oder Geschäftsmann?

»Poet oder Geschäftsmann«, das ist die Frage.

Man erzählt sich noch heute die Geschichte einer Ehe aus dem alten Ungarn. Es geht um den Gründer eines der großen jüdischen Vermögen, vielleicht des größten überhaupt. Der Held unserer Geschichte hatte als junger Mann in der Provinz von seinem Vater ein Gemischtwarengeschäft geerbt. Finanziell gestärkt, zog er nach Budapest, wo er einen schönen großen Laden aufmachte. Sein Geschäft entwickelte sich immer besser, er wurde reich. Außerdem war er ein schöner und gebildeter Mann, sozusagen mit Schiller in der einen und Heine in der anderen Tasche. Er wurde jedoch von den alten jüdischen Patrizierfamilien als Provinzler nicht akzeptiert. Trotz seines materiellen Erfolges war dies sein größter Schmerz.

So kam ihm der Gedanke, vielleicht eine passende Ehe zu schließen, denn eine schöne und intelligente Frau könnte ihm vielleicht den Aufstieg in die Budapester jüdische Gesellschaft ermöglichen. Sie musste natürlich aus einer guten Familie stammen. (Die Budapester waren nämlich sehr heikel, was die Herkunft einer Frau betraf. Aus dieser Richtung kam auch die diskriminierende Fragestellung, ob eine Frau mit einem guten Namen eine »geborene« oder nur eine »gewisse« war.)

Leopold erkundigte sich alsbald bei seinen Geschäftsfreunden, ob sie nicht eine gute Partie für ihn wüssten. Man empfahl ihm die Tochter eines reichen jüdischen Getreidehändlers und Gutsbesitzers in Südungarn. Herr Singer sei Witwer, erziehe jedoch seine Tochter mit der größten Sorgfalt. Sie sei jung und schön und der Vater habe für sie 40 000 Gulden als Mitgift vorgesehen (rund 500 000 DM heute).

Leopold fing eine Geschäftskorrespondenz mit dem alten Singer an. Er plane eine Reise in die Gegend und ließ zwischen den Zeilen auch anklingen, dass er von der Schönheit seiner Tochter gehört habe. Gesagt, getan. Leopold trat die Reise an. Herr Singer empfing ihn mit großer Ehre und stellte ihn sofort seiner Tochter vor, einem äußerst zarten, feinen und wohlerzogenen Mädchen, das Französisch sprach und Klavier spielte. Die beiden gefielen sich auf den ersten Blick. Er war ja auch ein fescher Mann mit viel Beredsamkeit und konnte ungarische und deutsche Gedichte zitieren. Der Alte ließ die beiden den ganzen Nachmittag allein. Sie verliebten sich ineinander und am Ende des Tages waren sie schon insgeheim verlobt. Der Alte sah es mit Genugtuung und rieb sich die Hände.

Am kommenden Morgen saßen die beiden Männer vor Leopolds Abreise allein beim Frühstück. Und da kam der große Moment: Leopold bat um die Hand von Fräulein Singer. Er sprach leidenschaftlich über die Schönheit, die Intelligenz seiner künftigen Braut und schmiedete laut Pläne, wie er sie lieben und glücklich machen werde. Der Alte hörte sich alles zufrieden an und antwortete scheinheilig: »Ich bin einverstanden, junger Mann. Sie gefallen mir auch, und ich gebe meiner Tochter eine Mitgift von 20 000 Gulden.«

»20 000? Wieso das? Man hat mir gesagt 40 000!«

»Na ja, aber Sie haben doch gesagt, dass Sie meine Tochter so schön finden, und eine schöne Maid ist eine halbe Mitgift.«

»O nein«, protestierte nun Leopold, »Geschäft ist Geschäft. Ich habe mit 40 000 gerechnet und es muss dabei bleiben, sonst müsste ich zu meinem größten Schmerz auf diese Ehe verzichten!« – »Bravo!«, rief nun der alte Singer triumphierend, »Sie haben gewonnen und auch die 40 000 Gulden. Ich wollte Sie nur auf die Probe stellen, ob Sie ein Poet sind oder ein Geschäftsmann. Nun sehe ich, dass meine Tochter bei Ihnen gut aufgehoben sein wird. Sie sind ein Realist, kein Poet.«

Mein Bekannter aus Bremen brach in Lachen aus. Er bat mich, alles zu wiederholen, damit er Namen, Jahreszahlen und alles andere notieren könne, um es abends seiner Frau zu erzählen, so gut hat ihm die Geschichte gefallen. Ich weiß nicht, wie er sich entschieden hat, denn seit diesem Tag habe ich nichts mehr von ihm gehört. Ich habe inzwischen seinen Namen vergessen und natürlich auch seine komplizierte Adresse.

Vielleicht fällt dieses Buch durch Zufall in seine Hände. Dann wird er sich gewiss an die Geschichte erinnern und mir sicher für den Ratschlag eine zweite (ganze!) Flasche Branntwein zukommen lassen …

»Aber a Dakter muss er sein«

Oft stellte man mir die Frage, was ich über die AEG denke. Ich habe darüber keine Meinung, weil ich mich damit noch nicht befasst habe. Aber eine kleine Geschichte kann ich darüber erzählen und feststellen, wie weitsichtig mein bester und väterlicher Freund aus den 30er-Jahren, Dr.-Ing. Carlos Soria, war.

Eigentlich hieß er Karl Schapira und war Österreicher von Geburt. Er war zusammen mit Graf Arco der Gründer von Telefunken, eines gemeinsamen Unternehmens von AEG und Siemens. Schon in den 20er-Jahren galt er als ein hervorragender Spezialist der kommenden Elektroindustrie. Er war in den beiden Mutterunternehmen so hoch geschätzt, dass man ihn, da er Jude war, sofort nach der Machtübernahme Hitlers nach Madrid schickte und ihm dort einen hohen Posten verschaffte.

Trotz des großen Altersunterschiedes waren wir bis zu seinem Tode außerordentlich eng miteinander befreundet. Es klingt noch heute in meinen Ohren, wie er mir gegenüber folgende Bemerkung machte: »Weißt du, André, Siemens ist ein einmaliges Unternehmen, aber bei AEG herrscht die größte Sauwirtschaft. Ich bin überzeugt davon, dass die Firma eines Tages pleitegehen muss.« Über 50 Jahre sind seitdem vergangen und seine Prophezeiung ist eingetroffen.

Schmunzelnd erinnere ich mich auch an die Geschichte, wie Carlos Soria »Dr.-Ing.« geworden ist. Als junger österreichischer Offizier war er in Brod stationiert, einer kleinen Stadt in Galizien. Da verliebte er sich in das schönste Mädchen der Stadt, Pola Halpern, die Tochter eines wohlhabenden Bankiers. Als sie mit ihrem Vater über ihre eventuelle Verlobung sprach, war dessen erste Reaktion: »Vielleicht! Aber a Dakter muss er sein.« Das war ein »Muss« – bei den K.-u.-k.-Juden von damals. Egal, ob Medizin oder Jura, aber ein Doktor musste er sein, ein geschulter Mann, der zu der Intelligenzia gehörte.

Zufällig wurde damals an der Technischen Universität in Berlin-Charlottenburg der akademische Titel des »Dr.-Ing.« aus der Taufe gehoben. Dorthin also zog Carlos, zeigte sich allen Anforderungen des Studiums gewachsen und erhielt sein »Diplom« mit summa cum laude – als erster Dr.-Ing. der TU Berlin. Die Auszeichnung wurde ihm übrigens in Gegenwart von Kaiser Wilhelm II. überreicht.

Mein Freund Carlos wurde also »Dr.-Ing.«, nahm die »schöne Pola« zur Braut. Und sie wären noch heute unglücklich miteinander, wenn sie nicht gestorben wären – »Dakter« hin, »Dakter« her –, es wurde nicht nur eine lange, sondern vor allem eine unglückliche Ehe.

AUS DEM NOTIZBUCH (V)

Molière schrieb einmal: »Die meisten Menschen sterben nicht an ihrer Krankheit, sondern an ihren Medikamenten.« Nie war dies zutreffender als während der vergangenen Jahre. Viele Sparer verloren ihre Ersparnisse durch Anlagen, mit denen sie die Inflation überlisten wollten, und nicht durch die Geldentwertung selbst. Und viele wiederum verloren ihr Geld nur, weil sie das Finanzamt überlisten wollten.

Voltaire sagte einmal: »Jede schlechte Sache kann auch gute Folgen haben.« Für die Börse ist dies außerordentlich zutreffend.

Voltaire sagte auch: »Es ist leichter, über das Geld zu schreiben, als Geld zu machen.« Ich habe es umgekehrt gemacht. Ich musste zuerst Geld machen, um dann darüber schreiben zu können.

Ein französischer Finanzminister (Vincent Auriol) sagte einmal, was man seiner Meinung nach öfter hätte verwirklichen sollen: »Die Banken sperre ich, die Bankiers sperre ich ein!«

Ein guter Bankier müsste weise wie Salomon, klug wie Aristoteles, stark wie Samson und alt wie Methusalem sein.

Auf dem Grabmal des großen französischen Schriftstellers Stendhal ist zu lesen: »Er lebte, schrieb und liebte.« Auf dem des unglücklichen Spekulanten könnte stehen: »Er lebte, spekulierte und verlor.«

Massenpsychologische Reaktionen sind wie ansteckende Krankheiten: Einer gähnt im Theater und in kürzester Zeit gähnen alle; einer hustet und sofort husten alle. So ist es auch an der Börse: Einer ruft »Feuer!« Und sofort verlieren alle die Fassung.

Ein guter Freund, der ein Poet war, sagte mir einmal: »Wenn ich viel Geld hätte, würde ich mein ganzes Vermögen den Reichen überlassen, da sie das Geld so lieben.«

Wenn's um Geld geht, gibt's nur ein Schlagwort: »Mehr!«

Ein echter Börsianer ist wie ein Alkoholiker: Nach einem Katzenjammer schwört er, nie wieder ein Glas anzurühren. Doch schon morgens um sieben Uhr trinkt er wieder seinen ersten Cocktail, dann einen zweiten und um Mitternacht ist er wieder genauso betrunken wie am Vorabend.

Rothschild sagte einmal: »Wer sich an der Börse nach mir richtet, wird schlechte Erfahrungen machen.«

An der Börse finden wir immer die erste Generation einer sich Reichtum verschaffenden Familie. Die zweite genießt ihn und die dritte Generation verliert oder verplempert ihn wieder.

Ich frage mich oft, ob es nützlicher ist, während der Börsenzeit zur Börse oder zum Angeln zu gehen. An der Börse kann man zwar verschiedene Tipps erfahren und dann das Gegenteil davon machen, beim Angeln aber kann man in Ruhe überlegen, was man besser nicht machen sollte.

IN TOKIO WEISS MAN SCHON ... ODER: VORSICHT VOR FALSCHEN NACHRICHTEN!

Jeder Börsianer glaubt das, was ihm am besten in den Kram passt. Der Haussier wird immer gute Gründe finden, die steigenden Kurse zu erklären, der Bassier ebenso gute Gründe für jeden Kursrückgang.

Es gibt viele Fallen und Hinterhalte, vor denen man sich hüten muss: grundlose Gerüchte, entstellte Nachrichten, falsche Nachrichten und – was besonders gefährlich ist – die falsche Auslegung richtiger Nachrichten.

In diesem Wirrwarr gelangt man schließlich dahin, gar nichts mehr zu glauben. Und dann kommt die letzte wahre Nachricht: nämlich die, dass alle vorhergegangenen falschen Nachrichten doch richtig waren... Bei der falschen Auslegung falscher Nachrichten kann man, wie ein Lehrsatz von mir lautet, auch der Wahrheit nahe kommen, da minus mal minus plus gibt. Doch der allergefährlichste Fallstrick, dem alle Spekulanten, vom naivsten bis zum gerissensten, zum Opfer fallen können, ist die falsche Auslegung von Nachrichten, denn eine halbe Wahrheit, wie schon gesagt, ist so viel wie eine ganze Lüge.

Zur Illustration dieser Behauptung diene die folgende Geschichte.

Japanische Anleihen aus der Büchse der Pandora

Während der Nachkriegsjahre bestanden in Frankreich wegen der Devisenknappheit sehr strenge Vorschriften für ausländische Währungen und Wertpapiere.

Die Franzosen waren verpflichtet, ihre Auslandswerte in Bankdepots unterzubringen, wo sie gesperrt blieben. Auf der Liste der zu deponierenden Effekten waren nur unbedeutende Aktien und notleidende Obligationen nicht aufgeführt. Man nahm an, dass sie im Ausland unverkäuflich seien und daher keine Devisen einbringen könnten.

Außerdem war die Ein- und Ausfuhr ausländischer Werte streng kontingentiert. Man konnte diese nach Frankreich einführen, wenn man ein anderes gleichwertiges Wertpapier exportierte und dadurch die nötigen Devisen beschaffte. Auf diese Weise wurde das Gleichgewicht fast automatisch gewahrt.

Damals waren Erdölpapiere, und besonders Royal Dutch, in Frankreich Liebhaberwerte. Um aber Royal-Dutch-Aktien einzuführen, musste man einen anderen Auslandswert in gleicher Höhe ausführen.

Es gab damals einige notleidende japanische Obligationen, die nicht auf der offiziellen Liste der zu deponierenden Werte standen. Die Verhandlungen zwischen der französischen und der japanischen Regierung hatten keinerlei Erfolg und die Japaner wollten weder Zins- noch Kapitalrückzahlungen aufnehmen. Wenige Leute an der Pariser Börse kannten diese Papiere, noch weniger waren sie im Ausland bekannt.

Plötzlich tauchten diese japanischen Anleihen in der Schweiz auf, als kämen sie aus der Büchse der Pandora. Die erstaunten Beobachter sahen, wie sich der Markt dieser Werte in der Schweiz und in Paris zur gleichen Zeit immer mehr und mehr entwickelte. Niemand verstand das. In Paris verdichteten sich Gerüchte, dass diese Anleihen in der Schweiz gesucht würden. Tatsächlich kauften einige auf die internationale Arbitrage spezialisierte französische Banken unablässig und die gut informierten Leute wussten, dass dies geschah, um die Papiere in der Schweiz weiterzuverkaufen.

Die Börsianer an einem Ort neigen immer zu der Ansicht, ihre Kollegen jenseits der Grenzen seien besser informiert als sie. Man tuschelte in Paris, die Schweizer wüssten über eine wahrscheinliche Einigung mit Japan Bescheid, und die Schweizer ihrerseits glaubten, die Franzosen hätten günstige Nachrichten über die Verhandlungen mit Tokio. Alle waren sich darüber einig, dass irgendetwas in der Luft lag. Viele ließen sich vom Strom mitreißen. Sie standen unter dem Eindruck der großen Transaktionen, die eine ausgezeichnete Regelung anzukündigen schienen.

Aus dem Fernen Osten nichts Neues

Der Bratenduft stieg vielen Börsianern in die Nase. Die Außenseiter, die kleinen Geschäftemacher, verfolgten die Vorgänge mit Interesse. Die Kurse stiegen allmählich – bis zu dem Tag, wo sie die Grenze der Vernunft überschritten.

Und im Fernen Osten gab es noch immer nichts Neues. Noch war keine Regelung in Sicht. Wo lag also die Wahrheit? Wo das Geheimnis? Die Erklärung ist einfach.

Da das französische Publikum damals Royal-Dutch-Aktien haben wollte, kauften die Arbitrageure das Papier an den Schweizer Börsen, um es nach Paris einzuführen. Die Operation war völlig legal, vorausgesetzt, dass man mit Devisen bezahlen konnte, die man wiederum durch den Verkauf eines anderen ausländischen Wertes erhielt, der von Paris nach der Schweiz exportiert wurde (das heißt in diesem Falle japanische Anleihen).

Man musste also eine ausreichende Menge ausländischer Werte auftreiben, die in Paris käuflich und in der Schweiz ohne oder nur mit geringem Verlust verkäuflich waren. Die »Japaner« eigneten sich großartig dafür. Man konnte in Frankreich jede Menge kaufen und in der Schweiz offenbar auch jede beliebige Menge verkaufen. Warum?

Ganz einfach, weil andere Arbitrageure in der Schweiz die japanischen Obligationen kauften, sie mehr oder weniger illegal nach Frankreich brachten und sie dort an der Pariser Börse verkauften. Mit dem Gegenwert in französischen Francs besorgten sie sich auf dem schwarzen Markt die ausländischen Devisen, um ihre Käufe in der Schweiz zu bezahlen. Die legale Arbitrage verdiente mit der Einfuhr von Royal-Dutch 6 bis 7 Prozent, verlor aber mit der Ausfuhr der japanischen Anleihen 3 bis 4 Prozent. Diese 3 bis 4 Prozent flossen in die Taschen der illegalen Arbitrageure, die sie mit der illegalen Einfuhr derselben japanischen Anleihen verdienten.

So kam es, dass dieselben Papiere zwischen Frankreich und der Schweiz ständig hin und her reisten. Die großen Arbitrage-Banken schickten die »Japaner« von Paris nach Zürich und die Schwarzmarkt-Arbitragisten sandten genau dieselben Papiere wieder nach Paris, aber illegal, zurück.

Wenn die Spazierfahrt Paris–Schweiz auch die gesetzlichen Bestimmungen nicht verletzte, erfolgte die Rückreise Schweiz–Paris zweifellos nicht auf dem Pfade der Tugend …

Der Rasen des Nachbarn ist nicht grüner als der eigene

Nach den Gesetzen der Logik hätte sich der Kurs gar nicht ändern dürfen, weil genau die gleiche Anzahl von Papieren auf beiden Waagschalen zum Kauf und Verkauf angeboten wurde. Aber diejenigen, die in den großen Transaktionen Anzeichen für eine günstige Regelung erblickten, störten das Gleichgewicht. Ein paar Gramm mehr auf einer der Waagschalen und schon steigt das Papier Tag für Tag.

Alles ging gut bis zu dem Tag, an dem eine für die Inhaber und die Spekulanten sehr ungünstige Regelung mit Japan getroffen wurde. Die Kurse fielen um 50 Prozent, bis auf das im Abkommen festgesetzte Niveau.

Das war eine gute Lehre für alle, die glaubten, ihre Kollegen an anderen Märkten wüssten mehr als sie selbst. Man bildet sich so leicht ein, der Rasen des Nachbarn sei grüner als der eigene!

Oft höre ich Kollegen sagen: Die Käufer, die für irgendein Wertpapier hohe Preise bezahlen, wissen schon, warum. Wenn sie für diese oder jene Aktie 50 zahlen, dann ist diese Aktie für mich auch 50 wert. Diese Einstellung kann zu dem größten Reinfall führen. Die Ereignisse, die sich hinter den Kulissen der Börse abspielen, sind nicht nur kompliziert, sondern oft auch mysteriös.

Darum wiederhole ich: Nichts ist gefährlicher als die falsche Interpretation richtiger Nachrichten.

IN PARIS WEISS MAN SCHON … ODER: VORSICHT VOR BARON GUYS KLAGEN!

Rothschilds Kummer in Mitterrands Frankreich

Es war mehr als Chuzpe, es war dumm und geschmacklos, wie der Pariser Bankier, Baron Guy de Rothschild, sein Schicksal aus Anlass der Verstaatlichungen als Trauerspiel in die Welt ausposaunte. Die Banque Rothschild fiel, wie 38 andere französische Banken auch, unter das Verstaatlichungsgesetz. Viele Tausend Sparer und kleine oder mittelständische Unternehmer, die als Folge der neuen französischen Politik in Konkurs gehen mussten, hätten viel mehr Recht zur Beschwerde gehabt als ausgerechnet die Rothschilds. Unverschämt gar war die Klage: »Jude unter Pétain, Paria unter Mitterrand!« Wie darf gerade ein Rothschild Pétain mit Mitterrand vergleichen oder sich über beide im gleichen Satz beklagen? Da erübrigt sich jeder Kommentar.

Der Name Rothschild: für viele noch ein Mythos!

Ich bin sicherlich ein Gegner der neuen französischen Politik, aber die Verstaatlichung der Banque Rothschild halte ich für das kleinste Malheur. Übertrieben ist auch die Prahlerei der Rothschilds, was sie angeblich alles für Frankreich getan hätten. Die Großväter vielleicht (und die wurden dafür reichlich belohnt), aber nicht die Enkel. Dazu muss der Leser auch wissen, dass ihre Bank in der französischen, geschweige denn in der Weltwirtschaft fast keine Rolle mehr spielt. Ehemals Bankiers der Fürsten und Fürsten unter den Bankiers, sind sie heute Zwerge gegenüber den gigantischen internationalen Finanzinstituten. Die Zeiten sind längst vorbei, als die Initialen R. F. (Rothschild Frères) mit R. F. (République Française) identisch waren.

Der Name Rothschild symbolisiert trotzdem für viele noch einen Mythos, den Mythos von der geheimen Macht der jüdischen Hochfinanz, die sie hinter den Kulissen vermuten. »Wie sich das der kleine Moritz so vorstellt«, hätten die Wiener gesagt. Ich kann auch nur schmunzeln darüber, wie Baron Guy seine Rolle in der Bank definiert: »Ich denke nach und ich gebe Rat.« Sich selbst hat er jedenfalls falsch beraten, sonst hätte er sich inzwischen nicht beklagen müssen.

Eine der »genialen« Ideen der Rothschilds war zum Beispiel, Bernie Cornfeld die Tür nach Frankreich zu öffnen, die IOS-Fonds und -Aktien zu propagieren und den Kunden zu empfehlen. Was die Rothschild-Beteiligungen betrifft, so ist auch daran nicht viel zu rühmen. Und was das »Denken« des Bankiers anbelangt, so dreht es sich dabei wahrscheinlich weniger um die weiteren politischen Entwicklungen als um Rennpferde und Feste.

Mit Streik drohte Baron Rothschild. Es wäre interessant, zu erfahren, auf welchem Gebiet. Vielleicht in seiner Rolle als Lokomotive des Pariser Nachtlebens? Denn an die Stelle der Freunde der Großväter, wie Heinrich Heine, Rossini, Balzac, ist die Pariser Nachtklub-Königin Régine getreten. Baron Rothschild, 74, kann ihren Nachtklub weiterhin besuchen, wenn nicht in Paris, so doch in New York.

Dort hätten die Rothschilds als Bankiers am Anfang sicher einen Riesenerfolg. Der Rothschild-Mythos würde dort unter den Millionen reicher Juden Furore machen und die Kunden würden in Scharen kommen. Bleibenden Erfolg hätten sie allerdings nur dann, wenn sie ihre amerikanischen Kunden besser beraten würden als das europäische Publikum. Denn in ihren zahlreichen Seminaren haben sie vor einigen Jahren unter anderem auch Hunderten von deutschen Gästen empfohlen, in Frankreich zu investieren, ohne eine Sekunde die politische Gefahr ins Kalkül zu ziehen.

Baron Rothschild beklagt sich auch darüber, aus dem Familienbesitz, dem Büro, 21, rue Laffitte, verbannt zu werden. Er hat mit der Tradition gebrochen und an Stelle des entzückenden Palais Fouché, das schon Heinrich Heine verewigte, ein Riesengebäude aus Glas und Stahl errichten lassen.

Die sechste Generation

Was nun die sechste Generation betrifft, so braucht sich niemand über deren Schicksal Sorgen zu machen. Sie sind jung, steinreich und mit weltberühmten Schönheiten verheiratet.

Und bei der Verstaatlichung machten sie Kasse (für jede Aktie bekamen sie 280 Francs, obwohl das Papier vorher unter 100 stand).

Ihr Privatvermögen bleibt unangetastet wie auch die Weinberge, die Kunstschätze, die Rennpferde, die Palais und Schlösser, inklusive Ferrières, wo Bismarck einst mit Alphonse R. Rothschild die fünf Milliarden Francs Kriegsbuße an Preußen aushandelte. Alles bleibt, nur eine neue Firma mussten die jungen Rothschilds gründen. Doch das ist ihnen nicht schwergefallen. Im schlechtesten Falle müssten sie eben in New York auch wieder Privatbankiers werden. Jedenfalls werden sie nicht fliehen müssen, wie ihre Großeltern 1940 vor Hitler, sondern mit der Concorde fliegen und an der Wall Street triumphierend einmarschieren.

Und da muss ich doch mit einem Witz schließen:

Vor der Klagemauer in Jerusalem betet der reiche Grün: »Ich möcht' mit unsere Leut' sein, ich möcht' mit unsere Leut' sein!«

Sagt zu ihm der arme Kohn: »Hör mal, du bist doch mit deine Leut'.«

Darauf Grün: »Ach wo, ich möcht' doch mit unsere Leut' in Wall Street sein …!«

Vous l'avez voulu, George Dandin!

Die Rothschilds jammern nicht nur über die Verstaatlichung ihres Pariser Bankhauses, sie beklagen sich auch noch, dass sie so unpopulär sind. Da kann ich nur Molière zitieren: »Vous l'avez voulu, George Dandin!« Die meisten von ihnen benehmen sich so, wie es Maurice Rothschild einmal getan hat.

Maurice Rothschild, ein Vetter des letzten Seniorchefs des Familienclans in Paris, war nicht nur Senator, sondern vielleicht auch der reichste Mann in Europa. Er hinterließ vor 25 Jahren, als er starb, nach Pressemeldungen ein Vermögen von damals mehr als einer Milliarde Deutscher Mark.

Er war außerdem ein extravaganter Lebemann und gab regelmäßig große Feste und Empfänge in seinem Palais am Park Monceau in Paris. Das bedeutendste Fest, das Rothschild veranstaltete, fand immer am letzten Samstagabend im Monat Juni, am Vorabend des Grand Prix von Paris, statt. Eingeladen wurden natürlich die Hautevolee von Paris und alle diejenigen, die Rothschild für die vornehmsten Pariser hielt.

Auch Monsieur und Madame Cartier erschienen an einem dieser Abende.

Er: Der größte Juwelenhändler der Welt, Präsident der französischen Handelskammer und sogar designierter Botschafter Frankreichs in den Vereinigten Staaten.

Sie: Eine geborene ungarische Gräfin Almassy (von der ich übrigens diese Geschichte erfahren habe).

Die Cartiers kamen in dem Palais an, wo Maurice Rothschild die Gäste begrüßte. Monsieur Cartier überreichte ihm seine Einladung mit folgender Bemerkung: »Lieber Baron, Ihr Sekretariat hat offensichtlich einen Irrtum begangen: Die Einladung war an meine Frau adressiert.«

»Das war durchaus kein Irrtum«, kam als Antwort. »Ich pflege meine Lieferanten nicht zu meinen Festen einzuladen.«

Da kann man nur sagen: »Kommentar überflüssig!«. Und im Übrigen, wie schon weiter oben, Molière zitieren …

NUR KEINE ANGST – ALLES IST IN BESTER ORDNUNG!

Der Sieg der Schildkröte

Wenn ich die amerikanischen Methoden analysiere, muss ich unwillkürlich an Jean de La Fontaines Fabel von der Schildkröte und dem Hasen denken, die ein Wettrennen austragen. Die Schildkröte eilt mit Weile zum Ziel, während der Hase sich über sie lustig macht, hin und her hüpft, äst, schläft, wieder aufspringt. Am Ende erreicht die Schildkröte als Erste das Ziel.

»Der Hartnäckige gewinnt jede Schlacht«

Sie ist in meinen Augen das Symbol für Amerika. Der Hase steht für den jeweiligen Gegner – ob auf militärischem, technologischem oder wirtschaftlichem Gebiet. In fast allen Bereichen hat Amerika bisher seine Herausforderer geschlagen – immer nach dem Motto »Eile mit Weile«.

Während der Vietnam- und Watergate-Krisen hatten die Vereinigten Staaten mit zahlreichen Kalamitäten zu kämpfen: Studentenunruhen, Rassenprobleme, Rauschgiftsucht und so weiter. Sie waren politisch paralysiert oder schienen zumindest paralysiert zu sein. In Wirklichkeit aber arbeiteten auch in jener Zeit Forscher, Wissenschaftler und Techniker mit Volldampf in den Labors und realisierten technologische Wunder, von denen wir heute noch keine Ahnung haben.

Dann kamen die Ölkrise, die Inflationspanik, das Dollar-Debakel. Die Kurse an der Wall Street – Symbol der amerikanischen Wirtschaft – sanken in den Keller. Mein Optimismus für die USA aber wurde nie durch diese Ereignisse beeinträchtigt, mein fester Glaube an die Selbstheilungskräfte nicht gefährdet, die dieses große Völkergemisch seit ein paar Jahrhunderten kennzeichnen.

Es ist die Summe der Erfahrungen, tagtäglich während des Zweiten Weltkrieges in Amerika gesammelt, die mich immun gegen das oberflächliche Krisengerede werden ließ. Mein Gott, wie schnell haben sich die Zeiten geändert, schneller, als ich zu hoffen wagte. In der Geldanlage bewährt sich wie im Leben Geduld am meisten. Eine ebensolche Tugend ist in meinen Augen der Optimismus. Manchmal zahlt er sich auch in barer Münze aus.

Napoleon sagte: »Der Hartnäckige gewinnt jede Schlacht.« Mit Hartnäckigkeit arbeitete sich Amerika im Weltkrieg zum totalen Sieg. Und es war kein Kinderspiel, Hitlers Macht zu vernichten. (Vietnam war ein ganz spezieller Fall – ein typischer Dschungelkrieg –, da erlitten die USA nicht so sehr eine militärische, sondern vor allem eine psychologische Niederlage dank der Linksintellektuellen und Pazifisten im Inland.)

Tempi passati

Auf wissenschaftlichem Gebiet war der Sputnik vor 25 Jahren eine große Herausforderung. Der sowjetische Vorsprung von damals ist heute längst vergessen. Wenn Präsident Ronald Reagan für das Jahr 2000 Laserkanonen zur Zerstörung von Raketen ankündigt, dann sind sie wahrscheinlich heute schon zu 75 Prozent verwirklicht. Sonst hätte er sie vermutlich nicht einmal erwähnt. Mit dem in Aussicht genommenen Erfolg im Jahre 2000 hat er sicherlich tiefgestapelt.

Die Sowjets sind der gleichen Meinung, sonst wäre ihre Reaktion wohl nicht so hysterisch gewesen.

Zur Dollar-Krise ist inzwischen jeder Kommentar überflüssig, zur Inflation ebenfalls, die Zahlen sprechen für sich. Was nun das Energieproblem anbelangt, so ist auf diesem Gebiet der Sieg der Schildkröte spektakulär. Noch vor drei Jahren sagte uns der mächtige Scheich Ahmed Saki el Jamani in Davos auf seine vornehme und sanfte Art, der Ölpreis müsse in den kommenden Jahren unaufhörlich steigen.

Er kritisierte vehement die Absicht der US-Regierung, den Ölpreis durch Steuererhöhungen anzuheben. Mehr Geld fürs Öl zu verlangen – so sagte er –, sei eher Sache der OPEC als der US-Regierung. Er wiederholte mehrmals, er werde den USA noch eine strenge Lektion erteilen.

Tempi passati. Die unbegrenzte Potenz der Technologie Amerikas hat gesiegt und nicht die OPEC. Denn, geben wir es doch offen zu: Es ist Onkel Sam selbst, der sich in den Kulissen heimlich am meisten über die Ölkrise von heute freut und sich amüsiert die Hände reibt.

Plädoyer für eine Optimistenschule

Ich bleibe nicht nur für Amerika, sondern für den ganzen Westen optimistisch. Auch die Bundesrepublik wird von der kommenden USA-Konjunktur profitieren und noch dazu von der neuen politischen Orientierung hier im Lande. Man erzählt, es existiere eine pessimistische Schule von Wirtschaftsexperten, der sich Berufsschwarzmaler von Staatsbankrotten, Bankenkrisen, Zinskatastrophen und ähnlichen Miseren anschließen. Ich annonciere hiermit die Gründung einer Optimistenschule von Anti-Experten. Kandidaten sind willkommen.

Ich war in Ofenburg ...

Gipfeltreffen können noch so theatralisch inszeniert sein, eines haben sie immer wieder gemeinsam. Und das zeigte sich vor Kurzem bei der profihaft aufgezogenen Monsterschau der Regierungschefs der sieben wichtigsten Industrienationen der westlichen Welt: Jeder denkt an die eigenen nationalen Interessen.

Während ich darüber nachgrüble, fällt mir wieder mein alter Freund Grün ein. Der kluge Mann saß einst traurig im Caféhaus und seufzte schmerzlich: »Ja, ja, jeder denkt an sich, nur ich allein denke an mich.« Wie der kluge Grün handeln oft Teilnehmer internationaler Konferenzen, ganz gleich, ob sie in Bremen, Bonn, in Williamsburg oder auf einer exotischen Insel unter Palmen stattfinden. Es gibt natürlich Probleme, die man gemeinsam angehen kann, wie etwa die Sicherheit der freien Welt oder die Bekämpfung des Terrorismus. Wenn es aber um das liebe Geld geht, wird es schwierig mit der Solidarität. Da denkt jeder nur an sich.

Schon bei der Frage, wie die Wirtschaft angekurbelt werden soll, sind die Meinungsverschiedenheiten groß. Jede Regierung hat aufgrund sicherlich kluger Analysen ihre eigenen Vorstellungen davon, was die Wähler erwarten: mehr Arbeitsplätze oder mehr Stabilität?

Ich war nicht bei der berühmten Konferenz in Williamsburg, sondern in Ofenburg (alter Name des am rechten Donauufer liegenden Stadtteils von Budapest), bei einer viel wichtigeren Konferenz, die nicht in einem historischen Palais stattfand, sondern in einem Caféhaus. Die Teilnehmer waren nicht Schauspiel-Politiker, sondern Börsenveteranen, zwischen 80 und 90 Jahre alt, Überbleibsel der seligen Budapester Börse, angeführt von ihrem Vorsitzenden, Geza Kelemen (86 Jahre!). Wir konnten zwar keine Entscheidung treffen (zum großen Unglück der kapitalistischen Welt), doch wenigstens Prognosen stellen über die weitere Entwicklung der Wirtschaft, der Börsen und so weiter.

Optimismus war Teilnehmerpflicht

Das Schlusskommuniqué lautete: »Nur keine Angst. Alles ist in bester Ordnung«: kein Staatsbankrott, kein Bankenzusammenbruch und sogar höhere Dividenden für viele Bank-Aktien; der Ölpreis wird höchstwahrscheinlich weiter unter Druck bleiben, denn die OPEC-Diktatur ist vorbei, und als Folge davon kann die Inflation unter Kontrolle gehalten werden; die Zinsen können – wenn auch nicht morgen, so sicherlich übermorgen – weiter sinken.

Was die Währungen angeht, ist jeder Versuch einer festen Parität zwischen Dollar und anderen Devisen unmöglich und die bloße Spekulation darüber verlorene Zeit. Die Tendenz des Dollar hängt ausschließlich von der weiteren Entwicklung der amerikanischen Wirtschaftspotenz im Vergleich zur restlichen Welt ab. Kein Computer kann den reellen Wert des Dollar ausrechnen. Man kann auch die Kaufkraft der verschiedenen Währungen nicht vergleichen, weil es dafür keine gemeinsame Basis gibt.

Amerika exportiert Waren, in denen es eine Monopolstellung besitzt: die hoch verfeinerte Spitzentechnologie. Saudi-Arabien zum Beispiel bemühte sich vor längerer Zeit um fünf AWACS-Flugzeuge, die mit Installation 16 Milliarden Mark kosten sollen. Wer kann sie und hundert andere technologische Wunder, ohne welche die moderne Welt stehen bleiben würde, billiger liefern? Außerdem ist die Kaufkraft des Dollar gegenüber den amerikanischen Aktien relativ hoch, denn die Wall Street ist die billigste Börse der Welt.

Will man vielleicht die Kaufkraft einer Währung aufgrund der Hotelpreise vergleichen, zum Beispiel zwischen Stuttgart und New York? Ich gebe zu, dass ein Zimmer im besten Hotel Stuttgarts billiger ist als ein Zimmer im Waldorf Astoria. Der Vergleich wäre kindisch; denn wenn Sie aus dem Stuttgarter Hotel auf die Straße gehen, befinden Sie sich vor dem Stuttgarter Hauptbahnhof, aus der Halle des Waldorf Astoria treten Sie direkt auf die Park Avenue …

Die Ölimporte aus den OPEC-Staaten müssen in Dollar bezahlt werden und der größte Teil davon bleibt im Dollar. Die Zinsen der Dollar-Schulden in aller Welt machen wahrscheinlich mehr aus als das amerikanische Handelsdefizit. Denn mindestens die Hälfte dieses Defizits besteht aus Rechnungen für Öl, das zwar in fremde Hände geht, aber finanziell im Dollar bleibt. Nur werden diese Dollars bei den Banken von den Konten von John und Smith auf die Konten von Alibaba und Mustafa transferiert. Die Zinsen können also fallen und der Dollar kann fest bleiben.

Vom Standpunkt des Dollar-Marktes gehören also Saudi-Arabien, Kuweit und die Scheichtümer zum Dollar-Imperium. Alle Ölimporte der Welt fallen in den Schoß des Dollar-Imperiums. Doch seltsamerweise plädieren die Devisenfritzen seit Jahren gegen den Dollar, übrigens jedes Mal, wenn der Ölpreis erhöht wurde, obwohl sie ja genau umgekehrt hätten argumentieren müssen.

Kein Automatismus zwischen Zinsen und Dollar-Kurs

Auch jetzt warnte ich, wie schon so oft, vor allem die Devisenfritzen, Spieler und die verantwortlichen Geschäftsleute, auf einen Automatismus zwischen Zinsen und Dollar-Kurs zu spekulieren – wenn Zinsen so, dann Dollar so –, wie sich das der kleine Moritz vorstellt. Für jede der möglichen unzähligen Variationen gibt es eine logische Erklärung. Aber die meisten Spekulanten erfahren sie erst nachher.

In den USA kann die Federal Reserve zum Beispiel den Geldmarkt lockern und die Zinsen fallen lassen, weil das Vertrauen in die US-Währung steigt. In den 70er-Jahren dagegen war der Dollar auf Talfahrt, obwohl die Zinsen hoch waren, weil eben kein Vertrauen da war. Wächst das Vertrauen in den Dollar, der das Symbol der amerikanischen Wirtschaftspotenz ist, oder misstraut man der Deutschen Mark, geht noch mehr Geld in die USA, und dies erhöht den Dollar-Kurs, aber auch die Geldliquidität mit sinkenden Zinsen. Dafür kann es Dutzende von Gründen geben. Ich will nicht behaupten, dass Zinsen und Dollar-DM-Parität gar keinen gegenseitigen Zusammenhang hätten. Wenn zum Beispiel der Dollar steigt, kann die Bundesbank die Zinsen für die D-Mark nicht lockern, denn dann würde noch mehr Geld aus dem Lande gehen.

Die hohen Zinsen wären allein jedoch kein genügender Grund für die spektakuläre Dollar-Steigerung der letzten Jahre. Die hohen Zinsen für Dollar-Einlagen sind zwar verlockend, aber viel entscheidender war, dass die riesigen Dollar-Schulden plus Zinsen allmählich zurückgezahlt werden müssen. Nicht die hohen Haben-Zinsen sind ausschlaggebend. Jahrelang hat sich die ganze Welt in Dollar verschuldet, oft aus rein spekulativen Motiven. Genau wie 1926 in französischen Francs (siehe Seite 19 ff.)

»A Dollar ist a Dollar!«

Ein wichtiger Punkt unseres Kommuniqués – wie könnte es anders sein – galt also der Analyse des Dollar-Kurses.

Die Verwirrung der Verwirrung heißt das erste Buch, das 1688 über die Börse erschien. Diese Verwirrung herrscht heute offensichtlich bei Notenbankdirektoren, Experten und Politikern. Ich bin überrascht, wie sehr sie von dem Höhenflug des Dollar überrascht sind. Denn die Stunde der Wahrheit, darauf habe ich seit 1978 wiederholt hingewiesen, musste zwangsläufig kommen.

Die Ursache der Verwirrung, glaube ich, ist die Diskrepanz im Urteil von zwei Generationen über den Dollar. Währungsexperten und Geldmanager der heutigen Generation lebten jahrelang mit der Talfahrt des Dollar. Sie können nur mit tiefem Unbehagen wahrnehmen, dass aus dem Dollar noch keine Papierfetzen geworden sind. Mein Respekt für den Dollar dagegen beruht, wie gesagt, auf den Erfahrungen, die ich während des Zweiten Weltkrieges in den USA gesammelt habe. Trotz des immensen Geldbedarfs und der immensen Kriegsausgaben zeigte der Dollar nicht die kleinste Schwäche, im Gegenteil.

Ich kannte damals zwei Wienerinnen in New York, die oft zusammen ausgingen und ihre Rechnungen immer auf das Genaueste verteilten: »Du bist mir noch einen Dollar 50 schuldig«, sagte die eine, oder »Du bekommst noch einen Dollar 75 von mir« und so weiter. »Wie kleinlich«, sagte ich einmal, »alles auf Dollar und Cent zu verrechnen!« »Warum nicht?« sagten sie, »a Dollar ist a Dollar!« – Diese Worte klingen mir heute noch in den Ohren, wenn ich den Dollar-Hunger der ganzen Welt beobachte. Zwar ist er nicht mehr derselbe Dollar, aber immer noch die amerikanische Währung. »Die Jagd nach dem Dollar« in Amerika wurde oft von den Europäern verspottet. Nun sind sie ebenfalls daran beteiligt.

Natürlich fangen inzwischen die Devisenfritzen schon wieder an, mit Hunderten von Millionen Dollar herumzufuchteln. Auf jede kleine Nachricht, dass die Zinsen um ein Achtel fallen oder steigen, reagieren sie hysterisch und kaufen oder verkaufen Dollar und das summiert sich dann zu Milliarden. Die hektischen Schwankungen werden also weitergehen, denn die Lektion der letzten Jahre genügt offenbar nicht.

Auf Wertpapiere setzen!

Eines hatte unsere Konferenz der alten Männer von Ofenburg dem *Gruppenbild mit Dame* von Williamsburg voraus: Wir waren um einen guten Ratschlag nicht verlegen.

Es war also notwendig, dass wir in die Bresche gesprungen sind, die Konferenz der Börsensenioren von Ofenburg. Und unsere wichtigste Mahnung – als alte Experten – galt unseren Kollegen von der Börse: nämlich Geduld zu haben und unbeugsames Vertrauen und vor allem der Wirtschaft Zeit zur Erholung zu gewähren. Denn wenn die Börsenkurse einen »Zick« erreicht haben, sind die Experten allzu leicht enttäuscht darüber, dass die Wirtschaft noch nicht so weit ist – und schon fallen die Kurse wieder auf »Zack« zurück.

Nach jeder zu optimistischen Erwartung kommt die Enttäuschung, dann die Korrektur, danach wieder Optimismus und so fort. Man stelle sich einen Mann vor, der mit seinem Hund eine Straße entlanggeht. Der Mann geht Schritt für Schritt weiter, der Hund stößt vorwärts, springt hin und her, kommt zu seinem Herrchen zurück, aber nie zu seinem Ausgangspunkt, weil sein Herr unterdessen schon einige weitere Schritte gemacht hat. Der Mann ist die Wirtschaft, der Hund ist die Börse.

Fazit: In Anlagefragen sollte man sich auf Wertpapiere konzentrieren, besonders wenn der Hund wieder zurückgelaufen ist.

Die Prophezeiungen unserer Ofenburger Konferenz sollte man übrigens durchaus beherzigen – umso mehr, als ich zwar der jüngste Teilnehmer, aber der einzige Referent war.

AM CAFÉHAUSTISCH ERZÄHLT (VI)

Ivar Kreugers gute Tat

Am 12. März 1932 wurde der schwedische Zündholzkönig Ivar Kreuger im Alter von 52 Jahren in seiner Pariser Wohnung, Avenue Victor Emanuel III. Nr. 5, erschossen aufgefunden. Ein Schock ging durch die Welt, ein Beben durch die Weltwirtschaft. Milliardengeschäfte hingen an diesem Mann, halb Europa lebte von seinen Krediten.

Um die Person Ivar Kreugers und um seinen Tod rankt sich eine Fülle von Anekdoten und Gerüchten. Ich selbst habe vor Kurzem in meinem Buch *Kostolanys Wunderland von Geld und Börse* eine Insider-Story veröffentlicht.

Hier nun möchte ich mit einer kurzen Geschichte den Charakter, die Schlagfertigkeit und wichtige Wesenszüge Ivar Kreugers beleuchten:

Kreuger war in Paris der Quasi-Besitzer einer Bank (Banque de Suède à Paris). Die Büros in dem Haus, das sich auf der berühmten Place Vendôme befand, waren inzwischen zu klein geworden. Die Fassade des Gebäudes stand unter Denkmalschutz, wie auch der ganze Platz.

Dennoch wollte Ivar Kreuger erweitern.

Sein Plan dabei war, das ganze Haus mit Ausnahme der Fassade niederzureißen, um dahinter das Anwesen stark zu vergrößern.

Er zahlte allen Mietern großartige Abfindungen und bald war das Gebäude von allen Mietern verlassen – bis auf den Besitzer einer alten Kunstblumenboutique im vorderen Teil des Hauses. Als Kreuger auch ihm eine mehr als großzügige Abfindung anbot, lehnte der weithin als Fremdenhasser und böswilliger, verbitterter Charakter bekannte Händler ab:

»Nein! Herr Kreuger soll seine Bank zu Hause in Stockholm und nicht am schönsten Platz von Paris einrichten.« »Dann eben nicht«, sagte Ivar Kreuger, »die Boutique in der Fassade kann stehen bleiben.«

An dem Tag aber, an dem die Arbeiter mit dem Abriss des Hauses begannen, erschien der Kunstblumenhändler, Monsieur Lespiau, und protestierte gegen den Abbruch des Hauses hinter der Fassade; denn in seinem Mietvertrag befand sich eine Klausel, in der ihm eine Dachkammer zugesichert war. Durch den Abbruch würde seine Dachkammer zerstört werden – und das lasse er sich auf keinen Fall gefallen (ein Justament-Standpunkt natürlich!).

Kreuger, den man inzwischen verständigt hatte, erschien sofort, warf einen Blick auf den Schauplatz und entschied: Es soll ein schmaler Turm aufgezogen werden, der die Dachkammer während der Bauarbeiten hält. Nach Beendigung der Bauarbeiten soll das Gebäude dann die unversehrte alte Dachkammer des Kunstblumenhändlers enthalten.

So geschah es.

Und Monsieur Lespiau konnte bis an sein Lebensende in seiner Boutique und in seiner Dachkammer, soweit er dazu fähig war, glücklich weiterleben.

Alpbach ist a Hetz!

Alpbach ist kein Alptraum, im Gegenteil: Es ist ein Wunschtraum für die, die das Caféhaus lieben. Denn das Alpbach-Forum ist ein gigantisches Caféhaus mit herrlicher Kulisse und würziger Luft. Kein Wunder, dass ich, ein K.-u.-k.-Produkt, davon entzückt war. Darin liegt auch der Erfolg Alpbachs – mehr als in dem, was man dort lernen kann, obwohl es, läge es in Frankreich, dort bestimmt »Au rendezvous des professeurs« heißen würde.

Nur zwei Dinge gefallen mir nicht: Zum einen hat man die Volkswirtschaftslehre auf die Ebene einer Wissenschaft erhoben, was sie bestimmt nicht ist, sondern im besten Falle nur eine »Heilkunst« für die Brieftasche der Sparer und die des Staates, zum anderen stört mich die wolkige Wissenschaftlichkeit vortäuschende Ausdrucksweise vieler Referenten, hinter der nicht viel mehr steckt als heiße Luft.

»Umbruch« müsste es heißen …

Einmal hieß das Generalthema des Forums zum Beispiel: »Strukturen im Umbruch.« Was ist überhaupt »Wirtschaftsstruktur«? Es gab immer Erzeuger und Verbraucher, Geld und Ware, Staat und Bürger, Arbeitgeber und Arbeitnehmer und so weiter. Und es gab immer im Wandel der Zeit Verschiebungen unter ihnen. »Umbruch« müsste es heißen, wenn man unser kapitalistisches System in ein kommunistisches verwandeln würde, und zwar nicht durch Entwicklung, sondern durch Gewalt.

(Darüber würde ich zum Beispiel bei diesen Symposien gerne mehr hören: über die große Gefahr, die viele nicht sehen, weil sie oft raffiniert kaschiert wird, in Wirklichkeit aber die größte Gefahr darstellt, nämlich die Aggressivität und die perverse, alle Fakten auf den Kopf stellende Propaganda der Sowjetunion, die wir weit unterschätzen und viel zu sehr auf die leichte Schulter nehmen.)

Die meisten Debatten sind natürlich steriles Gerede, weil nicht ein einziger der Referenten oder Teilnehmer wirkliche Entscheidungen beeinflussen kann. Sie werden, wenn überhaupt nötig, in Washington getroffen und nicht in europäischen Debattierklubs, so hoch qualifiziert diese auch sein mögen. Außerdem ist die Entscheidung für die eine oder andere Theorie gar nicht wichtig, denn die Wahrheit liegt sowieso in der Mitte.

»Am liebsten unterwegs, Sir«

Ob Staat oder totale Freiheit, ob Gefängnis oder Dschungel – wenn ich die Wahl hätte, ginge es mir vermutlich genauso wie meinem Freund Grün, der sich mit viel Mühe eine Ausreise von Budapest nach Tel Aviv verschafft hatte. Kaum angekommen, ist der Reiz des Neuen verflogen, er will zurück nach Budapest. Aber dort ist er wieder unglücklich und bekommt nach größten Anstrengungen nochmals eine Ausreise nach Tel Aviv. Zurück in Israel, gefällt es ihm wieder nicht, deshalb geht er abermals ins Passamt, um sich ein Visum nach Ungarn zu besorgen. Als dort dem Beamten der Kragen platzt: »Make up your mind. Wo wollen Sie nun leben, in Tel Aviv oder Budapest?«, erwidert Grün: »Am liebsten unterwegs, Sir.«

Wie kann man sich in einer in raschem Wandel befindlichen Welt auf Jahre im Voraus festlegen wollen? Genau wie an der Börse so ist auch für die Wirtschaft Pragmatismus die einzige Möglichkeit, wenn schon ein »ismus« sein muss. Die Wirtschaft durch alle Fährnisse zu steuern bedarf permanenter Improvisation, genauso wie bei einer Skat- oder Pokerpartie. Es gibt Regeln, die man einhalten muss. Aber der Spielverlauf hängt von den Karten ab, die man erhält. Wer die Wirtschaft lenken muss, erhält zuerst die Karten, das heißt die Fakten, und dann kann er spielen, das heißt entscheiden, welche Schritte er unternehmen muss.

Zur Wahl des »Mister Alpbach«

Zurück zu Alpbach: Es ist ein Caféhaus, in dem viel geplaudert, diskutiert und vielleicht auch geflirtet wird. Es ist eine Ideen-, Tratsch- und vor allem eine Kontaktbörse. Ein Abend war einmal der Wahl eines »Mister Alpbach« gewidmet. Unter den aktiven Teilnehmern möchte ich diese Palme – und zwar für jedes Jahr und für immer – Herrn Dr. Georg Zimmer-Lehmann (Österreichischer Creditanstalt-Bankverein) überreichen. Er ist in meinen Augen der permanente »Mister Alpbach«, unabhängig davon, wen die Teilnehmer alljährlich wählen. Nicht nur wegen seiner äußerst interessanten Vorträge, sondern auch, weil er mit seiner ganzen Persönlichkeit das »alte Österreich« vertritt, das meinem Herzen so nahesteht.

Fazit des Alpbacher Caféhausforums: Es ist mehr als ein Vergnügen, es ist a Hetz!

Der geizigste Mann von Budapest

In den quer durch mein Buch gestreuten Kapiteln »Am Caféhaustisch« habe ich viele heitere und nachdenkenswerte Geschichten aus meinem Leben, besonders aber aus meinem geliebten Budapest, erzählt. Und so will ich diese Kapitelserie auch mit einer kleinen netten Geschichte aus dieser Zeit beschließen:

An unserem Caféhaustisch war einmal eine Debatte, wer wohl der geizigste Mann in ganz Budapest ist: Baron Herzog, der König der Tabakhändler auf dem Balkan, oder Ludwig Ernst, Kunstsammler und Museumsbesitzer, beide natürlich steinreiche mehrfache Millionäre.

Es wurden sogar Wetten abgeschlossen und irgendwie warteten wir alle auf eine günstige Gelegenheit, um diese Frage ein für alle Mal endgültig zu entscheiden.

Da kam die Gelegenheit, die Sammlung für das Rote Kreuz. Und einer der Sammler begegnete zufällig beiden zusammen. Er reichte zuerst Baron Herzog die Büchse, der umständlich aus seiner Geldbörse die kleinste existierende Münze hervorkramte und sie mit lässiger Bewegung in den Behälter warf.

Da kam der große Augenblick der Entscheidung: Wie viel mehr oder weniger würde Ludwig Ernst geben? Ernst überlegte nur eine halbe Sekunde und sagte dann wie selbstverständlich: »Wir sind zusammen. Es war für uns beide!«

AUS DEM NOTIZBUCH (VI)

Die größte Spekulation der Welt wäre es, einen Politiker zu dem Wert einzukaufen, den er hat, und ihn zu dem Wert zu verkaufen, den er sich selbst einräumt.

Damit eine Regierung ohne Gewalt regieren und die Finanzen dennoch in Ordnung halten kann, muss sie sehr hinterlistig sein.

Der Unterschied zwischen Verstaatlichung und absoluter Freiheit ist ganz einfach auszudrücken: Es ist der zwischen Gefängnis und Dschungel.

Viele, die in der Politik die Gerechtigkeit beschwören, sprechen in Wahrheit aus Neid.

Georges Clemenceau sagte einmal: »Der Krieg ist eine zu seriöse Sache, um ihn den Militärs anzuvertrauen.« Genauso kann man heute sagen: »Die Wirtschaft ist eine zu seriöse Sache, um sie den Professoren und den Volkswirten zu überlassen.«

Die Lage im kapitalistischen Westen ist gefährlich, aber nicht hoffnungslos. Die Lage im kommunistisch geführten Osten ist nicht gefährlich, aber hoffnungslos. Für die Verbündeten der UdSSR darf man durchaus den französischen Satz aus der Zeit der Borgias anwenden: »Qui mange du Pape en meurt!« (»Wer aus der Küche des Papstes isst, stirbt!«)

In den Volksrepubliken kommen die Menschen ebenbürtig zur Welt, einige Jahre später aber sind sie es nicht mehr.

Keine Währung dauert ewig, selbst das beste Geld wird schäbig; der Rubel nur ist auserkoren, schäbig ist er schon geboren.

Viele Kapitalisten verbringen ein Drittel ihres Lebens damit, Kapital zu schaffen, ein weiteres Drittel ihrer Zeit verschwenden sie darauf, ihr Geld zu bewahren, und im letzten Drittel befassen sie sich mit der Frage, wem sie es vermachen sollen.

Das große Kapital ist scheu wie ein Kaninchen. Wittert es Gefahr, verschwindet es.

In der Wirtschaftspolitik heißt richtiges Steuern nicht mehr als Anpassung an die Realität.

Die Deutschen sind der Tücke des Geldes nicht gewachsen. Das Volk der Romantiker, Philosophen und Musiker ist in Geldangelegenheiten leider unromantisch, verliert jeden Hang zur Philosophie und mehr noch zur Fantasie.

In alten Zeiten sagte man, ein Mann verliere seinen Verstand mit seinen letzten 10 000 Gulden. Ich behaupte, der deutsche Sparer verliert seinen Verstand mit seinen ersten 10 000 DM.

Wirtschaft kann man nicht dozieren, man muss sie selbst erleben – und überleben.

Die »Wirtschaftsexperten« sind Gladiatoren, die mit verbundenen Augen kämpfen.

Staatsbankrott? Bankenkrisen? Darauf gibt es nur eine Antwort: »Viel Lärm um nichts!«

Inflation, das ist zunächst nur ein laues Bad, dann wird das Wasser immer heißer und am Schluss explodiert die Wanne.

Inflation, das ist die Hölle der Gläubiger und das Paradies der Schuldner.

Inflation, das ist der Preis der Demokratie oder, besser gesagt, der Demagogie. Denn kein Parlament wird es wagen, die strengen Maßnahmen durchzusetzen, die man gegen eine Inflation unternehmen müsste.

Zu guter Letzt: Ein alter Börsianer kann alles verlieren, nur nicht seine Erfahrung.

VON AUSSEN NACH INNEN

Wo ich zu Hause bin

Wo ich zu Hause bin? In mindestens zehn Städten. Vom Westen bis in den Osten.

In New York

Da stehe ich inmitten der neuen Welt, kann jeden Tag und jede Stunde etwas Neues lernen und erfahren, die Hand am Puls der Finanzmärkte halten, doch zur gleichen Zeit auch Musik und internationale Kunst und Kultur genießen.

In London

den Charakter der Engländer bewundern und mich an die schweren 40er-Jahre erinnern, die ich miterlebt habe: »It will always be an England, and England will be free...«, das Lied, das wir ununterbrochen hören konnten. Die Überbleibsel eines Weltimperiums spüren (die City ist auch noch da!), ins Theater gehen.

In Paris
durch die Straßen strolchen, an der Seine bouquinieren, die Auslagen – eine Augenweide – bewundern, auf der Terrasse des Caféhauses mit Freunden debattieren und die Show auf der Straße beobachten.

An der Côte d'Azur
das »Dolce far niente« oder, wie die Franzosen sagen, »La joie de vivre« oder »l'ambiance« genießen, den Marché Provençal besuchen und in den Himmel schauen.

In Rom und Venedig
nur schweigen, bewundern und träumen, mit dem Vaporetto auf dem Canale Grande vom Markusplatz bis zur »Stazione« hin und her fahren (50 Pfennig die Fahrt) und sich das Bild des schönsten Boulevards der Welt ins Gedächtnis einprägen ... – und dann: stundenlang im Café Florian sitzen.

In Zürich
zum Grab meiner Eltern pilgern.

In Genf
den Frieden, die Ruhe fühlen und die Flagge des Weißen Kreuzes mit Respekt betrachten.

In München
wie der »weise Rabbi« mit den Jüngern plaudern, Geschichten von vergangenen Zeiten und Börsen erzählen und dann die Ereignisse kommentieren. Aber auch die Oper und die vielen Konzerte besuchen.

In Wien
mich über den viel gerühmten Schmäh und die Titelsucht der Wiener lustig machen, in die Konditorei gehen. (Auf der englischsprachigen Speisekarte steht für »Kaiserschmarrn« »Imperial Nonsens«.)

In Budapest
besonders zu Hause sein: die Sprache, die Musik und die Küche! Alte Ecken, Spielplätze, Häuser aufsuchen und Geister beschwören.

Auf den Spuren Marcel Prousts

Der Fragebogen, den der Schriftsteller Marcel Proust in seinem Leben sogar zweimal ausfüllte, war vor allem in den Salons Frankreichs ein beliebtes Gesellschaftsspiel. Die *Frankfurter Allgemeine Zeitung* spielt dieses Spiel in ihrem wöchentlich erscheinenden »Magazin« weiter: als eine Herausforderung an Geist und Witz der Befragten. Am 16. Juni 1983 veröffentlichte die Zeitung meine Antworten mit einem kurzen Porträt von mir.

Ich habe lange überlegt, ob ich diesen Fragebogen mit meinen Antworten in dieses Buch aufnehmen soll, weil es mir als Eitelkeit ausgelegt werden könnte. Da aber alle Antworten zusammen ein Spiegelbild meiner wichtigsten Grundüberzeugungen vermitteln und weil sich vielleicht auch einige mit mancher Antwort identifizieren können, möchte ich meine Bedenken überwinden und gebe das Ganze hier wieder:

Was ist für Sie das größte Unglück?
Dass Menschen, die ich liebe, langsam weggehen.

Wo möchten Sie leben?
In einer schönen Umgebung unter Menschen, die ich liebe.

Was ist für Sie das vollkommene irdische Glück?
Der innere Frieden.

Welche Fehler entschuldigen Sie am ehesten?
Verantwortungslosigkeit in Geldangelegenheiten.

Ihre liebsten Romanhelden?
Don Quijote, Sherlock Holmes, Tschitschikow, Jud Süß.

Ihre Lieblingsgestalten in der Geschichte?
Sokrates, Cicero, Talleyrand, Theodor Herzl, Churchill.

Ihre Lieblingsheldinnen in der Wirklichkeit?
Frauen, die mich vertragen können.

Ihre Lieblingsheldinnen in der Dichtung?
Die Marschallin im »Rosenkavalier«.

Ihre Lieblingsmaler?
Breughel, Goya, Toulouse-Lautrec und die Impressionisten.

Ihre Lieblingskomponisten?
Alle, von Monteverdi bis zur Nachtigall.

Welche Eigenschaften schätzen Sie bei einem Mann am meisten?
Ein »Herr« zu sein.

Welche Eigenschaften schätzen Sie bei einer Frau am meisten?
Charme und Intelligenz (bis an die Grenze der Blaustrümpfigkeit).

Ihre Lieblingstugend?
Toleranz und Großmut.

Ihre Lieblingsbeschäftigung?
Denken beim Musikhören.

Wer oder was hätten Sie sein mögen?
Ein begabter Musiker oder zumindest Operndirektor.

Ihr Hauptcharakterzug?
Mich selber nicht ernst zu nehmen.

Was schätzen Sie bei Ihren Freunden am meisten?
Treue.

Ihr größter Fehler?
Ungeduldig, cholerisch und aggressiv zu sein.

Ihr Traum vom Glück?
Eine Welt ohne Dummköpfe.

Was wäre für Sie das größte Unglück?
Hundert Jahre nach meinem Tod wieder aufzuwachen.

Was möchten Sie sein?
Weiterhin gesund, glücklich und ausgeglichen.

Ihre Lieblingsfarbe?
Blau und Grün nebeneinander.

Ihre Lieblingsblume?
Flieder und Veilchen.

Ihr Lieblingsvogel?
Der Vogel im 2. Akt von Wagners »Siegfried«.

Ihre Lieblingsschriftsteller?
Shakespeare, Lichtenberg, Chamfort, Scholem Alejchem.

Ihr Lieblingslyriker?
Heine, E. A. Poe, Verlaine, Petöfi.

Ihre Helden in der Wirklichkeit?
Alle, die es wagen, antikonformistisch zu sein.

Ihre Heldinnen in der Geschichte?
Penelope, Helen Keller, Golda Meir.

Ihre Lieblingsnamen?
Die meiner Eltern – Ludwig und Cornelia.

Was verabscheuen Sie am meisten?
Erpresser, Großmäuler, Parvenus.

Welche geschichtlichen Gestalten verachten Sie am meisten?
Dreimal dürfen Sie raten …

Welche militärischen Leistungen bewundern Sie am meisten?
Die Zerstörung von Hitlers Wehrmacht.

Welche Reform bewundern Sie am meisten?
Die Währungsreform, die nie stattfinden wird.

Welche natürliche Gabe möchten Sie besitzen?
Die ersten zehn Takte einer Sonatine komponieren zu können.

Wie möchten Sie sterben?
Zufrieden einschlafen.

Ihre gegenwärtige Geistesverfassung?
Die eines Dreißigjährigen.

Ihr Motto?
Montaigne: »Que sais-je?« (= »Was weiß ich schon?«)

»SCHAU, SCHAU«, SAGTE ICH ZU MIR, »HÄTTE ICH NICHT EINEN LEHRSTUHL VERDIENT?«

»Der Leser selbst soll entscheiden, ob ich den Titel eines Professors in Börsenkunde, den ich mir selbst verliehen habe, verdiene oder nicht. Jedenfalls bleibe ich das Überbleibsel, der letzte Mohikaner einer versunkenen Welt.«

Gebet dem Spekulanten, was des Spekulanten ist: die Anerkennung seiner Funktion in der freien Marktwirtschaft. Ich habe die Erfahrung gemacht, dass die Börsianer einer großen internationalen Familie angehören, sozusagen einer über die ganze Welt verstreuten Freimaurerloge. Das konnte ich auf meinen vielen Reisen feststellen, die mich mit Mitspielern oder Zuschauern von fast allen Märkten der Welt zusammenführen. Worüber reden zwei Börsianer miteinander, wenn sie zusammentreffen? Über Geschichten von der Börse. Und dieses Thema ist beinahe unerschöpflich. Meine Leidenschaft für die Börse kühlte sich im Laufe der Jahre trotz der vielen Gespräche und Debatten nicht ab. Trotz gelungener Börsencoups waren meine Ambitionen nicht befriedigt. Dreißig Jahre lang suchte ich eine Börsentätigkeit, die sich nicht darauf beschränkte, von Zeit zu Zeit mit meinem Makler zu telefonieren und ihm Kauf- und Verkaufsaufträge zu geben. Und so kam es eines Tages zu einem jener Fiaskos, die ich nicht so leicht vergessen werde.

Fiesta an der Wall Street

Im Winter 1962 herrschte eine wahre Fiesta an der Wall Street und das Leben war schön für die Börsianer. Das Börsenfieber hatte damals in Amerika einen Höhepunkt erreicht. Viel Verstand brauchte man nicht, um seine Taschen zu füllen, man musste nur heute kaufen und morgen verkaufen oder morgen kaufen und übermorgen verkaufen. Wenn man das Glück hatte, die Aktie einer neuen heißen Emission zu erwischen, war das schon ein Treffer. Die neuen Emissionen kamen vormittags mit 10 Dollar heraus und nachmittags waren sie schon 20 oder 30 Dollar wert. Man musste nur den Friseur der Frau des Managers kennen, um auf die Liste jener Glücklichen zu figurieren, die bei einer neuen Emission ihre Portion Aktien bekamen.

Irgendein genialer Kapellmeister dirigierte das Orchester, bei dessen Tönen immer neue Schichten des gewinnlüsternen Publikums in den Hexentanz hineingerissen wurden. Die Konglomerate, die wunderbare Erfindung der neuen Financiers, florierten. Das gesamte Broker-Establishment arbeitete mit Volldampf, etwa 100 000 Makler mit hundertprozentiger Kapazität. Die meisten von ihnen rührten sich vom Telefon überhaupt nicht weg. Denn mit einem einzigen Anruf konnten wieder 500 bis 1000 Aktien einer neuen Emission verkauft werden. Die Emissionen waren natürlich alle »heiß«, zumal sie auch genügend angeheizt wurden und sogar so sehr angeheizt, dass sich die Kunden dabei die Finger verbrannten.

Aber die Zahl der Makler und Financiers schien noch immer nicht auszureichen. Denn man suchte in Funk- und Pressewerbung weitere Mitarbeiter. Der Wertpapierumsatz stieg täglich, jeder Tag brachte einen neuen Rekord. Die Brokerfirmen arbeiteten die Nächte durch, ihr Hunger nach neuen Kunden schien unstillbar.

Diese überspannte Atmosphäre, die mich an 1929 erinnerte, war aber auch notwendig, denn nur in einer solchen Euphorie konnte man dem Publikum alles verkaufen, gleichgültig, ob es die Luftschloss AG oder Mond-Immobilien-Aktien waren. Es war der berühmte Boom, der schließlich mit dem großen Krach von 1962 endete.

Missglückte Bewerbung in der Zitadelle des Kapitalismus

Eine der großen Firmen suchte damals täglich in der Funkwerbung neue Mitarbeiter – sagen wir gleich neue Kundenschlepper. Mit verlockenden Worten forderten sie Stellensuchende auf, ihr Glück in der Börsenbranche zu versuchen. Sie würden eine 30-tägige Ausbildung erhalten und dann an den Schreibtisch gesetzt, um als frischgebackene Makler die Anlagen der Kunden zu verwalten.

Schau, schau, sagte ich mir. Das ist eine auf dich zugeschnittene Arbeit. Nicht dass ich sie gebraucht hätte, aber sie reizte meine Eitelkeit. Hatte ich nicht eine ungeheure Menge von Erfahrungen gesammelt, die ich nicht für mein Lebendgewicht in Gold eintauschen würde? Hätte ich nicht einen Uni-Lehrstuhl für Börsenkunde verdient?

Aber da es dazu nie gekommen ist, blieb in der Tiefe meiner Seele immer eine kleine Wunde, hervorgerufen durch verletzte Eitelkeit, den Mangel an offizieller Anerkennung.

Die Rundfunkwerbung war so verlockend abgefasst, dass ich auf einmal Lust verspürte, mit mir selber einen Test zu machen. Wenn ich schon keinen Lehrstuhl für Börsenkunde bekommen konnte (nur einen Caféhaustisch), wurde mir hier doch eine bescheidene Stellung angeboten. Endlich würde man mich für meine Erfahrungen mit einem fixen Gehalt honorieren und außerdem erhielte ich einen Status. Sieht man in Amerika doch jeden mit schiefen Augen an, der keine bürgerliche Stellung oder Beschäftigung nachweisen kann. Und: Ich würde das Recht haben, auf meiner Visitenkarte mit Wall-Street-Adresse und Telefonnummer den Namen meiner Firma angeben zu können.

Mein Entschluss war gefasst. Ich war bereit, der annoncierenden Firma mein ganzes Wissen und Können und meine gesamte Erfahrung anzubieten. Mit Genuss malte ich mir bereits aus, wie ich bei meinen zukünftigen Chefs bei der Aufnahmeprüfung brillieren würde. Sie würden nicht nur über mein theoretisches Wissen erstaunt sein, sie würden gleichzeitig auch eine ganze Dissertation über die Philosophie der Börsenspekulation zu hören bekommen.

»Schau, schau«, sagte ich zu mir, »hätte ich nicht einen Lehrstuhl verdient?«

Von den Chefs habe ich auch nicht den kleinsten Juniorpartner zu Gesicht bekommen. Nicht einmal bis zu einem Prokuristen konnte ich vorstoßen, denn bereits im Vorzimmer hat mich ein Bürodiener mit einem Fragebogen abgespeist. Er würdigte mich nicht einmal eines Blickes und verlangte nur, ich solle den Fragebogen ausfüllen und in ein paar Tagen würde ich eine Antwort erhalten.

Im Fragebogen standen Schablonenfragen nach meiner Vergangenheit und meinen Qualifikationen. Sie waren so zugeschnitten, als handelte es sich um Stellenangebote für Kindermädchen oder Chauffeure. Etwas bange lieferte ich den Bogen ab. Ich fühlte mich in eine andere Welt versetzt. Wieder war ich 18 Jahre alt, suchte eine Stellung und mein Schicksal für die kommenden Jahre stand auf dem Spiel.

Ich will nicht leugnen, ich hatte auch Angst. In diesem großen Amerika, an der erbarmungslosen Wall Street hatte ich Komplexe, hier, wo jeder danach beurteilt wird, wie viel Dollar er monatlich an Kommissionen einnehmen kann. Bisher hatte ich nur in der Filmindustrie von Producers gehört. Aber an der Wall Street nennt man auch denjenigen »producer«, der Provisionen produziert. Würde mich Wall Street aufnehmen oder nicht? Der Bürodiener nahm stumm meinen Fragebogen und benommen ging ich wieder.

Im Strudel der Fifth Avenue fand ich mein Selbstvertrauen wieder. Ich machte schon Pläne, wie ich meine neue Arbeit angehen würde.

Aber es blieb bei den Plänen. Nach einigen Tagen kam die Antwort: abgewiesen! Es täte ihnen sehr leid, aber wegen mangelnder Erfahrung könne man mich vorläufig nicht gebrauchen. Dies solle mich aber von meinem Plan nicht abbringen. Vielleicht könnten sie mich später einmal einstellen. Ich solle mich wieder melden.

Ich sehe den Leser schmunzeln. Aber der Leser hat Unrecht, die Firma hatte Recht. Für sie war es nicht wichtig, ob ich die wirtschaftliche und finanzielle Situation beurteilen konnte. Was nutzte es ihr, dass ich eine Börsenerfahrung besitze wie wenige Zeitgenossen, dass ich die Zusammenhänge zwischen politischen, wirtschaftlichen und Börsenereignissen verstehe und dass ich einen Spürsinn für die Beurteilung der Börsentendenz habe?

Das alles war für die Firma uninteressant. Sie brauchte Leute, die wussten, wie man alte Damen von ihrer Rommé-Partie ins Börsenbüro lockt – wo sie dann, vor dem Ticker sitzend, emsig Börse spielen und Kommissionen zahlen können –, wie man der Milchfrau, dem Hausarzt und allen alten Bekannten die Flut neuer Aktien andreht.

Mein Katheder blieb der Caféhaustisch

Es ist wahr, auf diesem Sektor besaß und besitze ich keine Erfahrung. Die Firma hatte mich richtig beurteilt und ich habe es ihr auch bis heute nicht nachgetragen. Wenn ich durch Arbeit an der Wall Street mein Leben verdienen wollte, musste ich andere Methoden erlernen. In der Zitadelle des Kapitalismus konnte ich mir weder die Anerkennung der Kapitalisten verschaffen noch ein fixes Jahreseinkommen sichern: als Frucht meiner langjährigen Erfahrungen.

Trotzdem habe ich von der Börse immer gut gelebt. (Das aber ist ein anderes Kapitel!) – Nicht dank meiner Arbeit, sondern durch List und Wagemut. Nicht die Kapitalisten haben mir die Gelegenheit zum Geldverdienen gegeben, sondern der Kapitalismus. Deshalb bleibe ich auch ein getreuer Soldat in der Armada der Börsenprofis, denn sie stehen alle, sei es als »Mitgestalter«, sei es als unentbehrliche Parasiten, im Dienste der freien Marktwirtschaft. Börse und Spekulation bleiben für mich ein Thema, das nie den Reiz der Neuheit verliert.

So hielt ich weiter meine Vorträge über Börse, Währung, Politik und Wirtschaft (nur mit kurzen Intermezzi über Musik, Kunst und Frauen) in den vielen Caféhäusern der Welt. Ich hatte seit 40 Jahren einen periodischen Lehrstuhl in New York, Paris, Cannes, Rom, Genf, Zürich, München, Wien, usw. und sogar im kommunistischen Budapest. Dass mein Katheder nur ein Caféhaustisch war, änderte nichts an der Aufrichtigkeit und Leidenschaft meiner Vorträge.

In meinem Börsenseminar … geht die Sonne nie unter!

In den letzten zehn Jahren hält man an den Universitäten laufend Vorträge über optimale Wertpapieranlagen, Börsencharts und wissenschaftliche Bilanzanalysen. Und auch ich bin ein gern gehörter Gastreferent an vielen Universitäten. Da mir aber nirgendwo ein offizieller und permanenter Lehrstuhl angeboten wurde, gründete ich mein eigenes Seminar über Börsenkunde und Börsenprognosen und erfüllte mir so den Wunsch nach einem eigenen Katheder, von dem aus ich – zusätzlich zu meiner journalistischen Tätigkeit – meine Ideen und Theorien der neuen Generation vermitteln kann.

Ich muss allerdings zugeben, dass mir beim Erfolg meiner Seminare die Ereignisse zu Hilfe kamen: das dramatische Börsendebakel der 70er-Jahre und die Dollar-Probleme. Während der 60er-Jahre der Euphorie waren wir Veteranen in den Augen der jungen Börsenlöwen quasi lächerliche Figuren.

Nach dem allgemeinen Konsensus musste man jung, aggressiv und unbelastet von allen Erfahrungen sein, um an der Börse mit Erfolg operieren zu können oder ein guter Anlageberater zu sein. Bei der leisesten Kritik schmunzelte man. Die neuen Matadoren verlangten gemäß der neuen Zeit nach neuen Methoden. Welcher junge Anlageberater hätte auf die Meinung oder, noch weniger, die Warnungen eines älteren Kollegen gehört? …

Die Wunderknaben dieser Jahre sind inzwischen verschwunden wie der Schnee vom vorigen Jahr. Börseninstitute und Privatanleger kommen plötzlich in unsere Gasse und wir Veteranen sind wieder à la mode, obwohl wir weder Betriebswirtschaft noch ähnliche Pseudowissenschaften studiert haben. Es war in der »Hochschule des Lebens« (um nicht zu sagen: im Dschungel), wo wir unsere Studien absolvierten. Verantwortliche Stellen haben peu à peu entdeckt, dass kein Computer und keine wissenschaftlichen Berechnungen die Erfahrungen von Jahrzehnten ersetzen können.

Der Leser selbst soll entscheiden, ob ich den Titel eines Professors in Börsenkunde, den ich mir selber verliehen habe, verdiene oder nicht. Jedenfalls bleibe ich das Überbleibsel, der letzte Mohikaner einer versunkenen Welt.

Ich weiß auch, dass, wie ich am Anfang ja schon beschrieben habe, viele Bankiers und so manche offiziellen und geschulten Wertpapieranalytiker meine Theorien streng kritisieren, wenn nicht sogar verwerfen. Das stört mich überhaupt nicht und ich schließe daher meine Plaudereien mit demselben Zitat von Dante Alighierie, mit dem der größte Feind unseres Systems und der Börse, Karl Marx, sein Hauptwerk *Das Kapital* einleitet: »Segui il tuo corso, e lascia dir le genti!« (»Gehe du deinen Weg und lass die Leute reden!«)

Der einzige Punkt, worin sich Marx und Kostolany einig sind …

ÜBER DEN AUTOR

André Kostolany, 1906 in Ungarn geboren, war der unbestrittene Meister der Börsenspekulation. Er studierte Philosophie und Kunstgeschichte und wäre eigentlich lieber Pianist geworden. Ende der 1920er-Jahre machte er seinen ersten Börsendeal, und die Welt der Finanzen ließ ihn nie wieder los. Der »geistreiche Buchautor, humorvolle Kolumnist und amüsante Plauderer« (DER SPIEGEL) hatte weltweit ein Millionenpublikum und seine Bücher wurden in viele Sprachen übersetzt. Bis kurz vor seinem Tod nahm er regen Anteil am Welt- und Börsengeschehen. Am 14. September 1999 ist André Kostolany 93-jährig in Paris gestorben.